湾区之道

——世界湾区经济发展模式比较研究

林　勇　沈玲娣

广州新华出版发行集团
广州出版社

图书在版编目（CIP）数据

湾区之道：世界湾区经济发展模式比较研究 / 林勇，沈玲娣著．—广州：广州出版社，2019.11

ISBN 978-7-5462-2963-8

Ⅰ．①湾… Ⅱ．①林… ②沈… Ⅲ．①城市群—经济发展模式—对比研究—世界 Ⅳ．①F299.1

中国版本图书馆CIP数据核字（2019）第233511号

书　　名 湾区之道——世界湾区经济发展模式比较研究
Wanqu Zhi Dao—Shijie Wanqu Jingji Fazhan Moshi Bijiao Yanjiu
出版发行 广州出版社
（地址：广州市天河区天润路87号9、10楼　邮政编码：510635
网址：www.gzcbs.com.cn）
策 划 人 刘宗贵
责任编辑 董　平　潘孟良
责任校对 黄焕姗
装帧设计 奔流文化
印刷单位 佛山市浩文彩色印刷有限公司
（地址：南海区狮山科技工业园A区　邮政编码：528225）
规　　格 787mm × 1092mm　1/16
印　　张 10.75
字　　数 134千
版　　次 2019年11月第1版
印　　次 2019年11月第1次
书　　号 ISBN 978-7-5462-2963-8
定　　价 36.00元

一部全面解读湾区经济发展逻辑的力作

陈鸿宇

自2017年国家提出研究编制粤港澳大湾区建设规划，到2019年2月《粤港澳大湾区发展规划纲要》（简称《规划纲要》）向社会公布，建设粤港澳大湾区已经上升为国家区域总体发展战略之一。《规划纲要》明确要求，要在2035年将粤港澳大湾区建设为国际一流湾区和世界级城市群。国际一流湾区具备哪些条件？粤港澳大湾区距离这一目标有多远？这些问题引发了学界、商界、政界、新闻媒体界研究湾区经济的热潮，推出了许多新的研究成果。

由于工作的关系，我接触的关心粤港澳大湾区发展的社会各界朋友较多，在调研讲课之余常常被问到："国际一流湾区的发展存在共同发展规律吗？""粤港澳大湾区应借鉴哪个国际湾区的发展模式？""伦敦和悉尼也都靠海，有很大的港口，也都是全球城市，为什么比较少提'伦敦大湾区'和'悉尼大湾区'？""建设粤港澳大湾区会不会对周边的欠发达地区产生较大的虹吸效应，影响区域协调发展？"等。这些问题的提出，说明目前关于湾区经济的研究，一方面应该更加聚焦于推进粤港澳大湾区建设中各方普遍关心的热点、难点、重点问题；另一方面应该聚焦于为粤港澳大湾区建设提供更系统更规范的理论支撑。

《湾区之道——世界湾区经济发展模式比较研究》一书，正是通过对世界湾区经济发展模式的比较研究，努力解释和揭示各个国际一流湾区发展进程背后的实践逻辑和理论逻辑。与目前为数不多的研究粤港澳大湾区的专著相比，这部著作具有以下的鲜明特色：

第一，构筑了完整规范的湾区经济理论的基本框架。

从全书结构上看，本书分为上、下两部，按照从理论阐述到实际应用，从一般原理到具体分析的认识逻辑来铺排篇章。上部通过对纽约、东京、旧金山3个世界著名湾区以及粤港澳大湾区经济发展模式的比较分析，梳理归纳了国际一流湾区共同的“成长之道”；下部通过对粤港澳大湾区经济发展环境、发展条件的具体分析，重点探索了粤港澳大湾区当下的“建设之道”。本书上部在明确界定“湾区”和“湾区经济”两个概念的理论内涵基础上，运用区域经济学、城市经济学、产业经济学以及制度经济学、社会学等学科的知识，吸取了国内外相关研究成果，从湾区的历史演化过程、湾区经济形成的主要动因、湾区经济的发展模式、湾区经济的评价体系、湾区经济的实践案例5个维度，构筑了较完整的湾区经济理论研究的基本框架，进而构筑了“两个7”的湾区经济比较分析框架。

第一个“7”是关于湾区经济形成动因的分析框架。作者提出，“大湾区是一个打破区域行政分割、以市场配置资源为主导的经济区概念，具有开放与协同发展的特点”。因此，影响湾区经济形成的主要因素包括地理因素、社会因素、文化因素、人口因素、城市因素、制度因素和技术产业因素。这7个因素的合力，是推动湾区经济演化的内生力量。研究湾区经济发展的动因，培育湾区经济发展的动力，这7个因素缺一不可。粤港澳大湾区之所以还未能发展为国际一流湾区，原因也在于这7个因素中的某一个或某几个因素发育不充分，从而削弱了湾区发展的合力。

第二个“7”是关于湾区城市群发展模式的比较框架。一段时间以来，专家和媒体对如何衡量湾区经济的发展水平的认识并不一致。有的媒体认为，土地面积大、人口多、地区生产总值总量高、港口吞吐量大，自然就是一流湾区；有的城市竞争力评价机构则习惯从国际商务活动的活跃程度，或从核心城市的首位度（一定程度上代表了城镇体系中的城市发展要素在最大城市的集中度）、金融业集聚程度来进行城市排位。其实，当我们将湾区经济体，特别是特大湾区经济体视为国际级产业集聚带和世界级城市群双重叠合的综合经济实体时，就可知道，要比较的已经不再是湾区的土地、自然本底或基础设施的数量，而是由湾区的国际影响力、服务能力、创新能力、环境品质等因素体现出来的发展质量和发展后劲；不再是对单个核心城市或单个主导产业集群进行比较，而是对湾区城市集群的内外联动协调功能，对湾区濒海产业带的供应链、创新链和价值链发展水平进行比较。因此，作者在书中提出，对湾区经济发展水平，应该是综合性的比较，包括以下7个方面：社会基础体系（包括经济基础、基础设施、城市布局等）、总部经济商业圈、金融业与服务业、产业结构、核心竞争力、创新体系和核心城市的带头作用。

湾区经济理论5个维度的研究框架，以及“两个7”的湾区经济形成动因分析框架、湾区城市群发展模式比较框架，这3个研究分析框架的提出，为湾区经济的决策者、研究者们提供规范的方法论意义上的指导，有助于增强现实研究的全面性、客观性。笔者认为，上述3个研究分析框架，不仅适用于对湾区经济理论的辨析，也同样适用于对其他空间经济体、产业集群和城市集群的研究分析。

第二，建立了易于应用的湾区经济量化评价体系。

近年来国内对粤港澳大湾区的研究，已经开始从一般性的研究转向专门性的研究，从定性研究转向量化研究，从介绍性研究转向对策性研究。目前已有一些研究者利用面板数据对大湾区的技术创新、产业外溢等课题进行研究，但对一个相对成型的特大型湾区经济体进行较全面的量化评价尚且不多。本书第四章作了有益的尝试，建立了湾区经济量化评价体系，因而具有较强的引领性意义：

一是正确地将全球湾区经济共有的“开放的经济结构、高效的资源配置能力、强大的集聚外溢功能、发达的国际交往网络”4个基本特征，提炼为评价湾区城市群综合竞争力的规模维度、效益维度、开放维度和创新维度。据此设计的评价指标体系，就可以比较准确地反映全球湾区的共同发展方向和发展规律。二是从易于收集处理的数据入手，立足世情、国情，从实际出发，选定了12个指标构建湾区经济评价指标体系，使指标体系易于进行湾区间的国际比较。三是通过运用主成分分析法，构筑了可以测定湾区经济竞争实力、竞争环境、竞争潜力的数量分析方法，并且使用这一方法得出三大国际一流湾区和粤港澳大湾区的综合得分与分项得分。相比而言，这一评价指标体系和分析方法的逻辑关系比较清晰，可以更为直观地研判各湾区经济体的优势和短板，也易于在研究者和决策者中推广使用。

第三，提出了严谨务实的粤港澳大湾区发展对策。

《规划纲要》颁发之后，国家和广东省都分别建立了领导机构和专门办事机构，广东省将举全省之力担当起建设粤港澳大湾区主体责任。在《关于贯彻落实〈粤港澳大湾区发展规划纲要〉的实施意见》《广东省推进粤港澳大湾区建设三年行动计划（2018—2020年）》和重点项目清单已经相继出台，各领域各地方的建设和改革工作全面推开的今天，再提出加快大湾区建设的对策建议，就需要更加严谨和更加务实。本书下部对粤港澳大湾区营商环境、发展路径、发展措施的分析，充分体现了作者在严谨和务实这两个方面的努力：

一是作者使用的数据资料是比较严谨的，书中对4个大湾区的评价指标的取舍，特别是对粤港澳大湾区优劣势的分析比较，引用的数据都来自统计部门或权威的研究机构、研究刊物；与许多依靠上网检索的“急就篇”不同，作者比较注意规范地使用经济研究、政策研究的范畴与概念，注意跟踪收集国家和粤港澳三地政府的相关政策文件及法律规定，使这部专著既有学理推演，又能成为研究者、观察者了解粤港澳大湾区政策演化和政府行为的入口。二是作者在对策研究中始终坚持问题导向，深入剖析粤港澳大湾区面临的挑战，针对营商环境、体制机制、城市治理、基础设施的制约瓶颈，提出尽可能具体的目标任务、重点项目和工作抓手，避免如一些研究者那样习惯于讲“是什么”和“为什么”，却讲不出“怎么做”“何时做”“何处做”的通病。这就使得书中提出的对策措施更接地气，时效性、针对性和可操作性也更强。

实践没有止境，理论创新也没有止境。粤港澳大湾区刚刚起步建设，丰富的实践材料有待研究者分析总结，因此，对粤港澳大湾区发展和对国际湾区经济理论的研究也没有止境。正因为如此，我们期待着《湾区之道——世界湾区经济发展模式比较研究》书中的理论框架和对策思路，可以经受住实践的检验，并随着粤港澳大湾区建设实践不断深化和发展。

是为序。

2019年10月22日

（作者系广东省委党校原副校长、巡视员，教授）

目录 contents

上部　世界湾区经济发展模式比较

第一章　湾区形成和演化

第二章　湾区经济形成主要动因

第三章 四大湾区城市群发展模式比较

第四章 四大湾区评价体系构建及经济计量分析

第五章 世界典型湾区经济发展主要实践经验

下部 粤港澳大湾区经济发展分析

第六章 粤港澳大湾区营商环境分析

第七章 粤港澳大湾区发展路径分析

第八章 粤港澳大湾区经济发展措施

第九章 粤港澳大湾区经济发展展望

上部

世界湾区经济发展模式比较

第一章
湾区形成和演化

美国在2007年公开发布的《21世纪海上力量合作战略》报告中指出，世界上90%的商业运输是通过海洋进行的，世界上绝大多数人口生活在离海岸几百千米的地方，并且地球表面有近75%被水覆盖。此外，世界银行公布的数据显示，全球60%的经济总量来自湾区及其直接腹地，全球75%的大城市、70%的工业资本和人口集中在距离海岸100千米的沿海地区。随着全球一体化和世界经济交流发展的深入，资源在世界范围内不均匀分布并相互作用，海洋经济已成为主流，以湾区为中心的城市经济集群中心逐渐形成。在全球经济发展中，湾区经济已成为许多世界级城市发展的共同趋势，如纽约湾区、旧金山湾区、东京湾区、粤港澳大湾区。（图1-1）

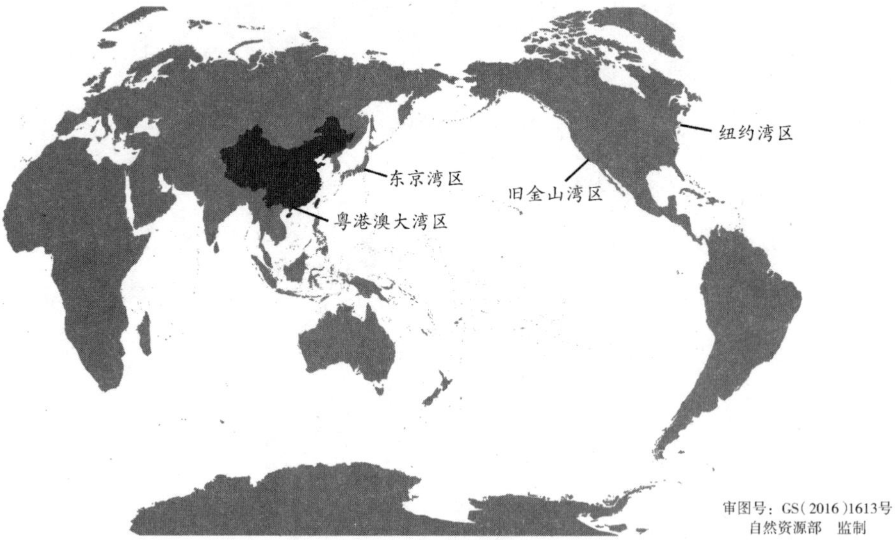

图1-1 世界四大湾区分布图

要素流动自由化是国际大湾区的一个显著特征，具体表现为人流、物流和资金流在各个城市之间的快速流动。受益于高度一体化的基础设施建设和市场机制建设，国际大湾区内部各城市间的行政壁垒相对较低，削弱甚至消除了阻碍要素自由流动的各种显性和隐性壁垒，市场调节的“无形之手”取代了政府干预的“有形之手”，成为大湾区经济发展的主要推动力。正因如此，技术、人才、资本等生产要素得以在大湾区内各个城市间实现自由流动，从而达到最优的配置状态，在提高要素配置效率的同时也带来了更为可观的产出与回报。与此同时，相对较高的回报率也进一步吸引了更多优质的资源和要素向大湾区集聚，为大湾区保持国际竞争力提供了强有力的支撑。

湾区经济，是指以湾区自然地理条件为基础，以发达的港口物流运输为依托，整合周边城市优势异质资源而逐步发展形成的滨海型区域经济形态。湾区经济是沿海经济的主要表现形式之一，也是国际经济的关键组成部分和评判世界级滨海城市群的重要指标①。湾区已成为世界各国参与全球化、确立竞争优势的重要载体。从经济地理学角度看，湾区经济更多的是基于地理特征和地域分工的一种经济社会活动集合，强调国际化和现代化的城市发展形态与现代经济发展形态的融合。大湾区不仅是一个有海洋水域的地理概念，更是一个打破区域行政分割、以市场配置资源为主导的经济区概念，具有开放与协同发展的特点。湾区非同寻常的地理位置，加上临港产业群以及衍生的经济效应，往往处在同一时期区域经济发展的高级形态。港口与城市作为湾区空间的重要组成部分，发挥着纽带与辐射作用。目前，国际上最负盛名的三大湾区当属旧金山湾区、纽约湾区和东京湾区。它们皆

① 吴思康. 发展湾区经济服务国家战略［N］. 深圳特区报，2014-04-23.

以开放性、创新性、宜居性和国际化为重要特征，具有开放的经济结构、高效的资源配置能力、强大的集聚外溢功能和发达的国际交往网络，发挥着引领创新、聚集辐射的核心作用，已成为拉动全球经济发展的核心增长点和驱动技术革新的领头羊。

在历史上，香港、澳门与广东同属一个行政区划，语言相通，风俗相近。香港、澳门回归之后，与内地的合作一直在不断深化，并呈加速之势：2003年7月，首次提出“泛珠三角”区域协作的概念，提出“9+2”（即珠江流域九省加港澳地区）区域合作模式。同年，内地与港澳《关于建立更紧密经贸关系的安排》（CEPA）签署。2009年1月，《珠江三角洲地区改革发展规划纲要（2008—2020年）》发布。2015年，国家发布《推动共建丝绸之路经济带和21世纪海上丝绸之路的愿景与行动》，提出“打造粤港澳大湾区”。2016年3月，国务院印发《关于深化泛珠三角区域合作的指导意见》，提出“携手港澳共同打造粤港澳大湾区，建设世界级城市群”。2016年3月，国家“十三五”规划纲要，强调“推动粤港澳大湾区和跨省区重大合作平台建设”。2017年3月，国务院《政府工作报告》，提出“研究制定粤港澳大湾区城市群发展规划”。2017年7月，国家发改委与粤港澳三地政府在国家主席习近平的见证下在香港共同签署《深化粤港澳合作　推进大湾区建设框架协议》，初步定出三地政府的分工、合作方向及协调机制。2017年10月，十九大报告再次重申“要支持香港、澳门融入国家发展大局，以粤港澳大湾区建设、粤港澳合作、泛珠三角区域合作等为重点，全面推进内地同香港、澳门互利合作”。

一、纽约湾区的形成和演化

位列国际湾区之首的纽约湾区由25个县组成，包括纽约州中的12个县、新泽西州中的12个县和宾夕法尼亚州的1个县。纽约湾区的重要城市包括纽约市、纽瓦克市和新泽西市，占地面积2.1481万平方千米，是国外的湾区中陆地面积最大的。纽约湾区是美国经济核心地带、美国重要制造业中心、美国最大商业贸易中心，同时也是国际金融中心、商业中心、航运中心。

纽约湾区自19世纪80年代开始逐步发展，随着工业化、现代化的推进，经历了产业升级和专业化分工。而今，在纽约湾区的产业经济中，服装业、印刷业、化妆品业等居首位，机器业、军工业、石油业和食品加工业居重要地位。以其发达的金融业和制造业、便利的交通、高水平的教育、优良的环境吸引人口达6500万人，占美国总人口的20%。纽约湾区城镇化水平达90%以上，制造业产值占全美30%以上。2015年，纽约湾区地区生产总值达13584亿美元，被视为美国经济中心。

回顾纽约湾区的经济发展历史，可概括为三大阶段，依次为：以港兴市、资本之城和创新崛起。

1. 19世纪初，以港兴市，基于港口发展商业贸易和加工制造业

纽约最初的发展得益于优良天然深水港——纽约港，该港口不仅为纽约市带来了大量财富与物产，同时也让来自世界各地的移民得以通过纽约港进入纽约市，这些移民与其后代成为纽约发展的主力。依托于海洋贸易，在纽约本土制造业19世纪初开始发展，至

1860年纽约制造业产值已攀升为全美国第一，形成了以制糖业、服装业等为主要支柱的产业格局，纽约成为美国制造业中心。

2. 20世纪初，资本之城，以金融服务为核心的生产性服务业成为经济主导，纽约也成为全球金融中心

纽约制造业的增长一直持续到第二次世界大战结束后，后来随着工厂大量关闭与搬迁，纽约各大公司总部向外转移，劳动力逐渐由从事制造业转向从事服务业。1975至1976年纽约发生财政危机后，第三产业在纽约迅速崛起，吸引大量就业人口，个人服务业（餐饮业等）、生产服务业、社会服务业持续发展。就业结构的升级带动了劳动力整体素质的提高，纽约经济结构由制造业为主向服务业为主的转型，拉动了经济发展。其中曼哈顿的金融商务服务业集群就是在纽约经济结构转型的大背景下逐渐发展起来的，信息技术革命与跨国公司的增加进一步集聚了国际资本，生产性服务业在中心区就业比重速增。此外，纽约证券交易所的建立使得纽约不管是贸易还是金融都不断繁荣，纽约逐渐成为世界的金融中心，金融业的发展反过来也促进了纽约湾区其他一些周边产业的发展，包括促进其他服务业的发展。

3. 21世纪，科技创新开始在纽约湾区崛起

一方面，得益于纽约湾区内的金融力量，科技创新也在纽约湾区兴旺起来。大量金融服务与风险投资机构支持创新融资，使纽约湾区成为美国和国际大型创新公司总部的集中地，全美500强企业，约有30%的研发总部与纽约的金融服务相联系，吸引了各种专业管理机构和服务部门，形成了一个控制国内、影响世界的创新服务和管理中心。另一方面，纽约湾区科技创新的发展也得益于教育。哥伦

比亚大学和纽约大学这2所顶尖名校以及其他58所大学在纽约湾区聚集，许多创新孵化器与科研机构布局通常并不独立设置，而是依附著名大学构建产学研创新机制，这不仅有利于大学科技创新成果的直接转化，还促进了高新技术企业的成长。

以下为纽约湾区的发展演进路径（表1-1）。

表1-1　纽约湾区的发展演进路径

年代	演进路径
19世纪初—20世纪20年代	单级城市：1811年依托天然良港优势，大量集聚人、货物、财富，形成了以曼哈顿为中心的贸易大港，使得一战后纽约城镇化进程迅速，世界城市地位初步形成
20世纪20年代—20世纪60年代	都市区：在区域规划协会第一次区域规划下，以纽约为核心城市，向周边中小城市辐射，形成了卫星城环绕的都市圈，分散了城市功能
20世纪60年代—20世纪末	城市群：伴随城市郊区化以及都市圈范围的扩大，波士顿、纽约、费城、华盛顿和巴尔的摩五大城市群横向蔓延、相互连接，发展为跨越数州的大都市连绵带
20世纪末至今	湾区：伴随制造业转移，纽约成为跨国金融机构的集中地，对全球经济进行控制和协调，各大城市进行分工协作，世界级湾区地位确立

二、东京湾区的形成和演化

东京湾区位于日本本州岛关东平原南端，为房总、三浦两半岛所环抱，南北长80千米，东西宽20～30千米，湾口宽仅6千米，是一个纵深80余千米的优良港湾。东京湾区包括“一都三县”，即东京都、神奈川县、千叶县和埼玉县，陆地面积1.3556万平方千米，占日本陆地面积的3.62%，经济总量占据全国的1/3，汇聚了日本的钢铁、有色冶金、炼油、石化、机械、电子、汽车、造船等主要工业部门。东京湾沿岸由横滨港、东京港、千叶港、川崎港、木更津港、横须贺港6个港口首尾相连，形成马蹄形港口群，年吞吐量超过5亿吨，并构成了鲜明的职业分工体系。

在港口群的带动下，东京湾逐步形成京滨、京叶两大以制造业、重化工业为主的工业带。1986年起湾区内建成第一条高速公路，由西端川崎市横越该湾至东端木更津市，大部分公路由长的海底隧道组成，又加建了一座桥及人工岛。湾区内现代物流、装备制造和高新技术等产业十分发达，三菱、丰田、索尼等一大批世界500强企业总部位于此地。东京湾区是日本最大的工业城市群和最大的国际金融中心、交通中心、商贸中心和消费中心，也是日本重要的能源基地、国际贸易和物流中心，还是日本的政治、经济和产业中心。2015年东京湾区的地区生产总值为19876亿美元，占日本GDP（国内生产总值）总量的40%。

回顾东京湾区的经济发展历史，可概括为以下三大阶段。

1. 江户时代，东京湾区形成，成为日本经济核心与物流中心

17世纪初，因日本的政治中心由关西地区向关东地区转移，江户（东京旧称）逐渐成为日本新的经济中心。至德川时代中期，江户已是全国最大的消费市场，每天都有全国各地的商船到江户港（东京港）停泊，17世纪末时江户人口数已达100多万。但是直至19世纪中叶，东京湾区还只是一个物流中心。

2. 明治时代至二战后，东京湾区现代产业开始形成，工业带发展

自明治时代，由于优良港湾条件以及19世纪下半期后的不断填海造陆，工业沿着东京湾西岸东京和横滨之间发展，形成京滨工业地带。二战后，城镇化进程的加速使得环绕东京湾的海滨90%都被开发为人工海岸线，人工岛屿相继产生，工业更沿岸向东、向北扩展，成为京叶工业地域，是日本发展加工贸易的心脏地带。

东京湾区集中了包括钢铁、有色冶金、炼油、石化、机械、电子、汽车、造船、现代物流等产业，成为全球最大的工业产业地带，还建设了金融、研发、文化和大型娱乐设施、大型商业设施等，成为世界有名的金融中心、研发中心、娱乐中心和消费中心。

3. 1951年之后，日本把港口发展项目提高到国家和地区的发展战略高度加以规划和实施

东京湾区沿岸有横滨港、东京港、千叶港、川崎港、木更津港、横须贺港等港口，日本高度重视各港口的协调发展，把港口发展项目提高到国家和地区的发展战略高度加以规划和实施。1951年《港湾法》以及1967年《东京湾港湾计划的基本构想》的制定，将东京湾区各港口的竞争转换成了整体合力。经过多年发展，东京湾港口群已形成了鲜明的职能分工体系：横滨港专攻对外贸易，东京港主营内贸，千叶港为原料输入港，川崎港为企业输送原材料和制成品，各港口虽然保持各自独立经营，但在对外竞争中则成为一个整体，提升了东京湾港口群的整体竞争力，各种生产要素在城市群中自由流动，促使人口和经济活动更大规模地集聚，形成了城市群巨大的整体效应。

以下为东京湾区的发展演进路径（见表1–2）。

表1–2　东京湾区的发展演进路径

年代	演进路径
19世纪中叶—20世纪50年代	单级城市：依托湾区的天然港口优势，促进了港口工业、贸易快速发展，加上二战的推动，周边要素流往东京都，不断吸聚周边资源
20世纪50年代中期—20世纪70年代中期	都市区：伴随日本工业向太平洋扩散，沿轨道交通向外延伸，形成以核心城市东京为中心的同心圆式、圈层状大都市区空间结构
20世纪70年代末—20世纪90年代末	城市群：东京部分城市功能分散到周边的神奈川、埼玉、千叶等县，出现多个增长点，东京港口群形成鲜明的职能分工体系，形成区域“多极多圈层”的城市化空间结构
20世纪90年代末至今	湾区：以东京为核心的“中心—外围区域体系”，加速全球化分工协作，参与全球竞争

三、旧金山湾区的形成和演化

旧金山湾区位于美国加利福尼亚州北部，环绕旧金山海湾。因地处晴朗温暖的地中海气候区，旧金山具备天然的宜居性，是加州第二大城市群（人口及面积），仅次于洛杉矶地区。旧金山湾区由9个县组成，其中著名城市包括旧金山市、奥克兰市和圣何塞，面积达1.8万平方千米。该湾区是世界上最重要的高科技研发中心之一，拥有全美第二多的世界500强企业，包括谷歌、苹果、Facebook（脸书）等互联网巨头和特斯拉等高新技术企业全球总部。美国经济分析局数据显示，2015年美国292个大都会区的实际地区生产总值平均增长了2.5%，旧金山湾区处在地区生产总值增速较快的区域。2016年旧金山湾区地区生产总值达到7855亿美元。

旧金山湾区已经形成了科技创新、总部服务、港口贸易、旅游消费等四大经济板块。科技创新主要集中在“南湾”的硅谷片区，总部服务主要集中在旧金山市，港口贸易主要集中在“东湾”的奥克兰片区，旅游消费主要集中在“北湾”的农场片区、旧金山市的金门大桥和硅谷片区。

回顾旧金山湾区的经济发展历史，可概括为以下三大阶段。

1. 1848年到19世纪70年代，旧金山湾区经济萌芽

1848年，旧金山附近发现金子的消息被传开后，迅速吸引了大量移民前来掘金，1850至1870年的两个10年间，人口分别增长97%和133%。移民的不断到来促进旧金山湾区形成开放和创造性的社会环境，为其现代工业发展奠定了基础。旧金山湾区以淘金热为契机步入了发展萌芽期，成为移民和货物集散中心，该时期大部分的生活物资来源于海上，贸易的发展也使得金融机构开始兴起。同时，为满足移民生活需求，旧金山市采用重工业、轻工业并举的发展模式，工厂的出现为旧金山湾区奠定了制造业中心的地位。

2. 19世纪80年代到二战期间，旧金山湾区产业与交通发展

该时期内，工业化快速发展与跨海大桥的建成形成了旧金山湾区城市网络雏形，人口增速趋于平缓。旧金山中心城市地位逐渐凸显，地价和劳动力价格的上升使得部分低成本制造业，例如钢铁业和冶炼业，逐渐从旧金山外迁，从而带动了旧金山周边城市制造业的发展。同时，旧金山海上贸易发展迅猛，19世纪80年代初基本已垄断了太平洋海岸与美国内陆的海上贸易，涵盖了99%的太平洋沿岸进口货物和83%出口货物。商业贸易的发展也促使金融服务行业分

工更加细致，旧金山率先实现产业转型，成为西部商业贸易和金融中心。19世纪后期，奥克兰依托铁路的修建，带动了工业的发展，1880至1890年，奥克兰制造业产值增加了3倍多，成为“铁路城镇的典型”。

3. 二战结束后至今，旧金山湾区发展成熟

旧金山市在19世纪开始兴旺，圣何塞则是在20世纪末开始加速兴旺的。圣何塞一带长期是旧金山湾区和加州北部的农业重点区域。1939年，斯坦福大学学生Bill Hewlett和Dave Packard两人在帕罗阿托（Palo Alto）的车库创业，创立了惠普，该公司于1940年从车库中搬出。二战时的订单使得该企业兴旺起来，并且兴旺至今。创新风气一开，硅谷创业热由此触发。美国高新技术创业者，聚集于圣何塞一带，因为他们大多从事新兴的半导体相关产业，与单晶硅、多晶硅相关，所以那一带便有了“硅谷”的称呼。

20世纪90年代，IT产业（信息技术产业）在这一地带崛起，随后创新的企业又引领了网络和生物技术的浪潮，成为美国有巨大影响力的新兴城市，也因为创投资金的集聚而成为全球创业者向往的天地。圣何塞一带土地租金便宜而环境优美，创业者喜欢汇聚在这一带，从而使得旧金山湾区原来的农牧业地带变成了闻名全球的高新技术产业区。硅谷附近有几所美国一流大学，如斯坦福大学、加利福尼亚大学伯克利分校和加州理工学院等，就近为硅谷的科技创新提供了源源不断的新血。因此，硅谷迅猛崛起，成了旧金山湾区发展的最大推力，也为旧金山湾区贴上了“科研湾区”的显著标签，旧金山湾区从而成为世界三大湾区之一。

以下为旧金山湾区的发展演进路径（表1–3）。

表1-3 旧金山湾区的发展演进路径

年代	演进路径
19世纪40年代—20世纪20年代末	单级城市：掘金潮使得采金冶炼业、港口运输业、现代金融业快速发展，美国及世界各地的移民开始涌入，促进了旧金山这一核心城市的快速发展和繁荣
20世纪20年代末—20世纪50年代初	都市区：二战创造了大量制造需求、研究需求，制造业空前繁荣，海陆空交通网络发达，布局初具规模，核心城市开始向周边辐射和扩散
20世纪50年代初—20世纪末	城市群：人才、资金、技术、政策的集聚效应开始凸显，铸造了世界科技中心硅谷。城镇化走向城郊化，形成了多中心化分散发展格局，地区间差异化定位，产业功能分区，发达区域相互联通带动沿海地区发展
20世纪末至今	湾区：从区域内产业分工走向全球化分工协作，湾区内集聚了30多家世界500强企业或跨国公司

四、粤港澳大湾区的形成和演化

粤港澳大湾区，从地理上看，由珠江入海口附近海湾区域构成，包括广州、深圳、东莞、珠海、佛山、惠州、中山、江门、肇庆9市和香港、澳门2个特别行政区，并且以广东其他地市及湖南、江西等临粤地区为湾区腹地，不仅包括广州港、深圳港、珠海港、香港维多利亚港、澳门港、湛江港、汕头港等枢纽港口，还包括江门港、潮州港、虎门港、中山港等地区性重要港口。

2017年粤港澳湾区陆地面积、人口数量、地区生产总值增速和港口集装箱吞吐量均列四大湾区首位，地区生产总值总量达到15134亿美元，超越旧金山湾区。从2017年各大湾区地区生产总值总额全国占比来看：东京湾区为43.3%，纽约湾区为8.9%，旧金山湾区为6.3%；粤港澳大湾区为12.4%，高于纽约湾区与旧金山湾区。同时，粤港澳大湾区人均地区生产总值相对较低，与其他湾区仍有一段距离。粤港澳大湾区第三产业占比仍处于较低水平，仅占61.1%，纽约湾区占比高达89.50%。无论是人口规模、地区生产总值总量、产业竞争力，还是创新资源等方面，粤港澳大湾区都具备打造世界级湾区的基础，由此可见，构建世界级湾区前景显现，将对中国乃至全球经济产生重要影响。（表1–4）

表1-4 世界典型湾区对比

世界典型湾区	纽约湾区	东京湾区	旧金山湾区	粤港澳大湾区
陆地面积／平方千米	2.1481万	1.3556万	1.8万	5.65万
地区生产总值总量／亿美元	17177	19000	8375	15134
人口数量／万人	2030	4400	780	6960
人均地区生产总值／万美元	8.5	5.0	11.3	2.2
地区生产总值增速／%	3.3	3.6	4.8	7.0
地区生产总值全国占比／%	8.9	43.3	6.3	12.4
城市数量	25	4	9	11
代表城市	纽约市、纽瓦克市、新泽西市	东京都、神奈川县、千叶县、埼玉县	旧金山市、奥克兰市、圣何塞	广州、深圳、珠海、香港、澳门、

续表

世界典型湾区	纽约湾区	东京湾区	旧金山湾区	粤港澳大湾区
代表产业	金融、航运、计算机	装备制造、钢铁、石化、现代物流	电子、互联网、生物技术	金融、航运、电子、互联网
代表公司	IBM（国际商业机器公司）、花旗、AIG（美国国际集团）	索尼、三菱、富士通	苹果、谷歌、微软	华为、腾讯、招商局、大疆
第三产业占比／%	89.50	82.27	82.76	61.10
港口集装箱吞吐量／万TEU	465	766	227	6520
主要特征	世界金融中心	港口群	硅谷发源地	“一国两制”大湾区

资料来源：BEA（美国经济分析局数据）、CEIC（环亚经济数据）、HKTDC（香港贸易发展局）。

注：表内均为2017年数据。

粤港澳大湾区的发展起步于北宋，沿海航线和水陆交通的发展，促进了以广州为核心的珠江三角洲各城镇的经济发展。从明代起，当地手工业与工商业进入兴旺时期。清代开放海禁后，特别是清政府特许广州为唯一通商口岸后，广州商业飞速发展，成为一个国际商业中心城市。由于当时仅留广州一口通商，各省的进出口货物大都由佛山中转，促使佛山的商业更趋繁荣。鸦片战争后，上海迅速取代广州，成为外贸进出口的最主要港口，广州独口通商地位丧失，经济发展速度相对于长江三角洲有所减慢，但还在继续发展。此外，1553年葡萄牙人租居澳门，澳门逐渐成为一个沿海港口城镇。香港岛自1842年《南京条约》签订被英国割占，之后逐步发展成为一个港口城市。

1. 1978—2003年，改革开放后粤港澳大湾区进入局部开放阶段

从1978年改革开放到中国加入WTO（世界贸易组织）和2003年《内地与香港（澳门）关于建立更紧密经贸关系的安排》签署，这段时期属于粤港澳三地区域经济一体化的局部开放阶段。20世纪70年代末，中国采取了改革开放的基本国策，选择了符合自身国情的渐进式、局部开放的道路。该时期，港澳企业家纷纷回粤投资并集中于环珠江口地区，按照区域市场分工转移制造业产业链中的低价值部分，形成“前店后厂”的跨境合作模式。在“前店后厂”模式中，投资和贸易是互动的，两者相互补充促进使得粤港澳之间的贸易量高速增长，珠三角地区获得来自港澳的先进知识溢出而进入生产效率较高的工业社会，并推进了城镇化进程，也使香港自由港的制度优势得到了发挥，并使香港成为一个国际性的贸易、金融、物流和商贸服务中心。

2. 2003—2014年：CEPA签署，粤港澳大湾区进入全方位市场开放阶段

CEPA是在“一国两制”和内地市场全方位开放的条件下，深化港澳与内地经贸合作关系，充分发挥香港的自由港功能和港澳服务业优势的制度安排；它是在“一国两制”制度和WTO框架下，主权国家与独立关税区之间的自由贸易协议。

2003年签署内地与香港、澳门《关于建立更紧密经贸关系的安排》（CEPA），自此内地与港澳之间的贸易关系进入一个新的阶段，广东作为CEPA先行先试区，积极与港澳地区在商贸服务、物流会展、科技教育、金融服务和文化创意等产业展开合作。2009发布的《珠江三角洲地区改革发展规划纲要（2008—2020年）》提出“湾区重点行动计划”。2009年出台的《大珠三角城镇群协调发展规划研究》把“湾区发展计划”列为空间总体布局协调计划的一环，并提出四项跟进工作，即跨界交通合作、跨界地区合作、生态环境保护合作和协调机制建设。2010年粤港澳三地政府联合制定《环珠江口宜居湾区建设重点行动计划》，以落实上述跨界地区合作。

3. 2014—2019年：中国（广东）自由贸易试验区促进粤港澳大湾区经济进入深度融合阶段

2014年12月，国务院决定设立中国（广东）自由贸易试验区（简称“广东自贸试验区”），立足广东面向港澳深度融合。广东自贸试验区涵盖三片区：广州南沙新区片区、深圳前海蛇口片区、珠海横琴新区片区，总面积116.2平方千米。2015年4月21日，广东自贸试验区在广州南沙区举行挂牌仪式。毗邻港澳是广东自贸试验区的区位优势，广东自贸试验区的设立更加突出同香港、澳门的合作，特别是加强对香港、澳门高端服务业的开放、衔接、转移，从而促进粤港澳大湾区经济的深度融合。

2015年3月，国家发改委、外交部、商务部发布《推动共建丝绸之路经济带和21世纪海上丝绸之路的愿景与行动》，提出要深化与港澳合作，打造粤港澳大湾区。2016年3月，国家“十三五”规划纲要再次提出要“推动粤港澳大湾区和跨省区重大合作平台建设”，强调要“携手港澳共同打造粤港澳大湾区，建设世界级城市群”。2017年3月5日，国务院总理李克强在《政府工作报告》中提出，

“研究制定粤港澳大湾区城市群发展规划”。次日，在十二届全国人大五次会议广东代表团全体会议上，全国人大代表、广东省发改委主任何宁卡在发言中系统论述了建设粤港澳大湾区，并且指出：“2015年，粤港澳大湾区经济规模为1.36万亿美元，港口集装箱年吞吐量超过6500万标准箱，机场旅客年吞吐量达1.75亿人次；产业结构以先进制造业和现代服务业为主，港澳地区服务业增加值占地区生产总值比重均在90%左右，内地9市制造业基础雄厚，已形成先进制造业和现代服务业双轮驱动的产业体系。粤港澳三地在经贸、技术、金融等方面开展深度合作交流，正进入全面、深层次合作阶段。”2017年7月1日，习近平主席出席《深化粤港澳合作　推进大湾区建设框架协议》签署仪式。同日，国家发改委副主任林念修在“携手共建粤港澳大湾区　合力打造世界级城市群”论坛上演讲，首次向外界正式发表了粤港澳大湾区下一步六项重点工作。

4. 2019年，粤港澳大湾区建设进入实质性阶段

近20年来，围绕“湾区经济”的政策与学术研究成果不在少数。2004年以后，广东省政府也在政府文件中吸收了学术界对“湾区经济”的研究成果，重点建设“湾区”或“湾区经济”。在具有重要节点意义的重要文献中，有2005年印发的《珠江三角洲城镇群协调发展规划（2004—2020）》，国务院2008年批准的《珠江三角洲地区改革发展规划纲要（2008—2020年）》，深圳市政府2014年的《政府工作报告》中增加了“湾区经济”。2015年提出“一带一路”倡议后，粤港澳大湾区正式升格为国家规划。2017年4月，国家发展改革委印发《2017年国家级新区体制机制创新工作要点》。2019年2月18日，中共中央、国务院正式发布《粤港澳大湾区发展规划纲要》，

指出粤港澳大湾区不仅应该成为"一带一路"建设的重要支撑，而且也是内地与港澳深度合作示范区；未来，它将成为一个充满活力的世界级城市群，一个具有全球影响力的国际科技创新中心，以及宜居宜业宜游的优质生活圈。（表1–5）粤港澳大湾区是世界四大湾区之一，已成为中国经济发展的重要战略平台。随着各项计划的全面实施，粤港澳大湾区的经济运行效率将大大提高。

表1–5 《粤港澳大湾区发展规划纲要》主要内容

要点	具体内容
五个定位	充满活力的世界级城市群，具有全球影响力的国际科技创新中心，"一带一路"建设的重要支撑，内地与港澳深度合作示范区，宜居宜业宜游的优质生活圈
一个愿景	建设富有活力和国际竞争力的一流湾区和世界级城市群。到2022年，国际一流湾区和世界级城市群框架基本形成；到2035年，国际一流湾区全面建成
七个重点	建设国际科技创新中心、加快基础设施互联互通、构建具有国际竞争力的现代产业体系、推进生态文明建设、建设宜居宜业宜游的优质生活圈、紧密合作共同参与"一带一路"建设、共建粤港澳合作发展平台
四项措施	加强组织领导、推动重点工作、防范化解风险、扩大社会参与

综合世界四大湾区的形成而言，由于湾区毗邻港口并占据有利的区位交通条件，湾区经济始于港口经济。随着湾区产业的转型升级和内在功能的提升，湾区逐步成为全球知名的科技创新中心，进一步加速全球创新要素集聚，对世界经济产生了深远的影响。从历史发展的演进角度来看，湾区经济的发展可以分为港口经济、工业经济、服务经济、创新经济四个阶段。

第一阶段，港口经济发展。20世纪中期以前，湾区主要依托港口的功能进行货物中转运输，并带动直接服务于港口的装卸、仓储、运输和修理等行业发展，经济形式比较单一，辐射影响范围也仅局限于港口及附近区域，对城市经济发展的推动作用并不显著。

第二阶段，工业经济发展。20世纪中期到20世纪80年代，随着二战后全球经济的快速复苏，港口功能和地位进一步提升，极大地推动了临港工业的集聚发展，湾区城市逐步发展为制造中心。如日本东京湾区沿岸重点发展石油、石化、钢铁、造船等临海型工业，以东京湾区为代表的港口工业城市群迅速崛起，为日本贡献了近60%的工业产值。

第三阶段，服务经济发展。随着20世纪80年代经济全球化的快速发展，由于传统临港工业能源消耗大、污染严重，三大湾区开始出现大规模产业转移和外溢，传统工业比重逐渐下降。依托临海临港的区位优势，湾区对外贸易快速增长，金融、法律、保险、传媒等现代服务业开始集聚发展，推动湾区城市由制造业中心向生产服务中心转变。

第四阶段，创新经济发展。随着新一代信息技术的突破，互联网、通信技术、生物医药等创新经济快速发展，涉及计算机、通信、互联网、新能源等多个产业，一批以苹果、谷歌公司为代表的高新科技企业快速崛起。湾区通过打造科技创新中心，充分发挥对全球创新要素的集聚功能、全球创新资源的配置功能、全球科技创新策源地功能、创新驱动转型发展的引领功能，积极抢占产业发展的制高点。

第二章 湾区经济形成主要动因

结合世界四大湾区形成的历史和演变历程，可以发现，世界典型湾区经济的形成在一定程度上存在动因共性，例如：经济结构的开放、资源配置能力的高效、生活环境的宜人、聚集外溢功能的强大、国际交往网络的发达、经济发展势头的强劲等。这些都是目前众多湾区经济研究成果的系列标签，从勾勒这些抽象轮廓与粗线条出发，可以得到地理、社会、文化、人口、城市、制度、技术方面更为具体且细致的湾区经济形成因素。

一、湾区经济形成的地理因素

地理因素是湾区经济形成的基本条件。湾区经济因港而生，依海而兴，世界三大湾区和我国粤港澳大湾区都具有优越的地理位置，该优势使之始终处于区域经济发展和开放的前沿。

第一，湾区经济的地理区域与直线形或外凸的弧形滨海地区不同，其地域形状一般为半圆形或弧形，并且三面与陆地相环，从而造就了“拥海抱湾”的得天独厚的地理造型，也因此具备了比一般沿海地区愈加优越的生态与区位，如避风、水深、防冻等，从而适于建造大小不一的港口而形成港口群。例如：东京湾沿岸由横滨港、东京港、千叶港、川崎港、木更津港、横须贺港6个港口首尾相连，形成马蹄形港口群。

第二，由湾区孕育出的港口群，使湾区内的城市能最先吸纳外商直接投资，引进国外先进技术和管理经验，从而连接本国市场与国际市场。例如：旧金山湾区位于沙加缅度河下游出海口的旧金山湾四周，其中包括东湾、北湾、南湾等多个湾区，每个湾区都分布着大小不同的城市。

第三，湾区与海洋、海湾相邻，环绕大面积水域，使得昼夜温差小，也因此具备了怡人的自然环境与优良的生态环境。例如：美国旧金山湾区的中心旧金山三面环水，环境优美，气候宜人，吸引人们在此居住与工作。

第四，湾区独特的半圆或弧形的地域形状，使得湾区能聚集更多的城市，并且湾区的优良海港，面向海洋，海运便利；与内河相连，通过水运快速通达湾区腹地，从而带动湾区经济的发展。

所以，得益于独特的地理构造，湾区内港口与港口之间、港口与城市之间、城市与城市之间、沿海与内陆之间，不论是物流、人才，还是技术流、资金流等，都会在最短的时间内完成配置与投放，大大提高了企业的经营效率与人员的工作效率，并且湾区内宜居宜业的自然环境吸引着各地区的人们，湾区的城市网络效应得以充分彰显，扩大了湾区的经济影响力①。

二、湾区经济形成的社会因素

社会联系是湾区经济形成的一个不可或缺的因素。随着湾区内城市群的加速发展，城市的发展模式与发展速度也相应迅速变化：

---

① 王宏彬. 湾区经济与中国实践［J］. 中国经济报告，2014（11）：99-100.

一方面，城市工业和科学技术的高速发展，使人口、资金和技术以更快的速度向核心大城市及其周边地区聚集；另一方面，城乡间的交通高度发达，中心城市逐步由原来的向心聚集向相对分散的郊区发展，城市高收入阶层从中心区外迁，随之制造业、服务业也出现郊区化趋势，造成郊区急剧扩张，湾区内核心城市以外的城市与边缘城镇大量涌现。这种城市聚集与扩散的双向运动推动湾区城市地域迅速扩张，并与周边小城镇连成一体。同时，城市外迁人口由于仍然在中心城市上班，在郊区与中心城市之间形成稳定的通勤流。这样就形成了以大城市为核心，与周边地区保持密切社会经济联系的湾区城市群现象，使核心城市与周边地区共同构成了内部相互联系，有一定空间层次、地域分工和景观特征的湾区城市群综合体。

湾区经济形成过程中出现的郊区化现象，主要来自三个方面的社会因素：第一，湾区内核心城市的发展使得土地短缺矛盾日益尖锐，地价迅速上涨，建筑密集，交通拥挤，环境质量日益恶化，而随着生活水平的提高，人们追求低密度的独立住宅，一些中产阶级和收入较高的蓝领阶层纷纷外迁到新兴的郊区；第二，小汽车的广泛使用、较低的能源价格以及铁路、高速公路的快速发展，使湾区内城郊之间的通勤交通十分便利；第三，政府实行各种鼓励政策。郊区化是以住宅的郊区化为先导，随之而来的是为居民生活服务的商业服务部门的外迁。与此同时，工业部门由于占地面积大，土地成本大幅度上升，加上环境保护的压力，也不得不大量地向郊区迁移，由此形成了郊区工业带。最后，一些办公事务机构也开始脱离市区，进入郊区。郊区化极大地改变了湾区内的人口分布，使得郊区在社会经济生活中发挥着日益重要的作用。

三、湾区经济形成的文化因素

通过考察纽约湾区、旧金山湾区和东京湾区三大湾区的文化合作历程，我们发现其文化合作经验主要有文化政策推动、第三部门协调、文化资源共享等。政府以强有力的政策杠杆，为湾区文化合作提供制度保障，巩固文化合作成果；公共交通和文化设施的合作建设有效地减少了区域内公共交通和文化基建成本，使湾区文化交流活动更为便捷和频繁，不断满足湾区居民日益增长的精神文化需求，提升其文化素养，同时打造了湾区的文化标识，强化了湾区内居民共同的文化记忆和认同感；文化资源共享扩大了湾区内优秀文化资源的传播广度和开发力度，丰富了湾区居民的文化生活，为湾区文化建设提供了内在能量。

1. 文化政策推动

文化政策对湾区文化合作至关重要。文化规划从文化视角考量湾区发展路径，同时整合湾区文化资源，制定相关文化政策，提高湾区文化创新能力。其主要内容为：通过文化规划发掘不同城市的优势，发展湾区文化产业，打造湾区文化标识，形成具有国际竞争力的文化资源。

东京湾区在建设之初，政府就进行了有序规划，避免了发展中的资源浪费与耗损，文化政策也规范、高效地助力东京湾区文化合作。以东京迪斯尼乐园为例，其所在地并不在东京市内，而是位于东京湾区千叶县浦安市舞滨。早期浦安居民以渔业为生，随着东京湾区的发展，其沿海海域遭到频繁往来运输船只的污染，渔业日渐萧条。借助毗邻东京的地理优势，千叶县成为东京迪斯尼乐园的落户点，当地为建造迪斯尼乐园而填海造地，创造了享誉世界的旅游园区。东京湾区以东京文化影响力为基点，以强辐射态势驱动千叶县发展，打造文化资本标杆，强化文化竞争力，成为东京湾区文化合作的重要战略。日本的国土交通省针对东京文化制定文化发展战略，从文化合作与创新角度结合东京湾区实际，以东京为基轴放眼国际舞台，助推文化发展，使东京的文化艺术力量发挥出湾区核心引领作用。

2. 第三部门协调

第三部门和志愿者是湾区文化合作的重要力量。无论是旧金山湾区还是纽约湾区、东京湾区，都由民间自发成立了许多跨境合作组织，这些组织集聚了大批志愿者，活跃在城市规划、艺术教育、公共文化服务等领域，在湾区文化合作事务中发挥了重要作用。如：旧金山湾区规划和城市研究协会、纽约区域规划协会、东京湾区的公益财团法人东京都历史文化财团、财团法人东京都体育文化事业财团等。纽约区域规划协会作为推动湾区交通规划的中坚力量，致力于为纽约—新泽西—康涅狄格区域完善基础设施建设、保障区域的可持续发展、助力区域繁荣及提高生活质量。

3. 文化资源共享

纽约湾区的公共文化资源主要聚集在纽约，其以博物馆为代表的公共文化服务水平具有全球领先性。闻名遐迩的大都会艺术博物馆、林肯艺术中心、纽约公共图书馆等公共文化服务场所和机构都不仅仅服务于纽约居民，也服务于周边城市居民及游客。与美国大多数地区情况迥异的是，纽约湾区完善的公共交通保证了湾区居民高质量的文化生活，让纽约周边的新泽西州、康涅狄格州的居民得以便捷参与纽约的文化艺术活动，享受纽约的公共文化服务和丰厚文化资源。如：许多新泽西的居民会经过哈德逊河去曼哈顿看林肯艺术中心和百老汇的演出，参加纽约公共图书馆举办的免费英语培训课程，参观各大博物馆展览；也有康涅狄格州居民驾车或坐地铁前往中央公园观赏莎士比亚戏剧表演或参加其他文化活动，待结束后再驾车或坐地铁返回康涅狄格州。纽约公共图书馆为方便更多居民使用其文化资源，不断拓展资源的数字化进程，为有需要的读者提供网络服务，运营主要依靠公共财政资助和社会捐赠，许多在湾区生活的居民也会向图书馆捐赠。

随着湾区概念深入人心，旧金山湾区、东京湾区各相关城市之间共享文化资源、文化设施、文化服务已成为常态。一方面，文化资源的共享，让湾区居民获得深厚文化滋养，满足其精神文化需求；另一方面，常态化的文化交流与合作机制，促进了湾区物理和心理距离的连通和整合，成为湾区文化、制度深度融合和经济社会全面发展的基础。

相比而言，粤港澳大湾区自古以来就政治、经济、文化而言都是一个整体，在历史、人口、语言和文化方面都具有高度的同一性。它们同属珠江三角洲文化圈，其历史文化从古越族先民文化发源而来，承袭着作为中华文化支系的岭南文化、广府文化，大部分历史时期处于统一的文化体系之中，经历了同样的起源、变异、融合与演替过程，表现出相似的文化特征。直至19世纪，随着香港、澳门或被割占或被租借，粤港澳大湾区所包括区域才形成三地分治的格局，走上不同的文化发展道路。1997年之后，随着港澳的回归，粤港澳三地间的交流才日渐频繁，以往的隔阂日益消除。文化的同根同源为湾区相关城市之间的文化合作奠定了基础，而因后期发展道路殊异呈现的文化差异则为文化合作提供了可能性。

四、湾区经济形成的人口因素

人口因素是湾区经济形成的一个重要支撑。通常人口密集的地区是城市较发达地区，也是最先形成密集城市群的地区，人口是产业发展的基础，没有人口就无法为产业发展提供劳动力，更无法为工业和服务业的发展提供消费市场，也就不能扩大城市规模及形成湾区经济。

第二次世界大战以后，湾区城镇化进程大大加速，城镇化水平迅速提高，尤其是大城市发展异常迅速，大城市数量急剧增加，大城市人口占世界城市人口及总人口的比例不断上升。而且，城市规模越大，人口增长的速度越快。例如：1950至1970年，10万～25万人口城市的增长指数为151.5，25万～50万人口城市的增长指数为230.1，50万～200万人口城市的增长指数为233.5，200万～400万人口城市的增长指数达到264，而400万人口以上城市的增长指数更高达340.0[①]。随着湾区内城市人口规模的膨胀，人口超千万的都市也开始在湾区内涌现。1930年，纽约市人口首次超过1000万；1960年，东京—横滨的人口突破1000万。

湾区先决的区位优势决定了人口因素在湾区经济的形成中扮演着一个重要的角色——加快中心城市的聚集与扩散。湾区内城市人口的聚集与扩散是湾区经济形成的基础条件，是湾区经济发展的等级高低和规模大小的决定因素之一。例如：在19世纪初，东京湾区人口数已越百万。到了20世纪80年代后期，东京湾区人口规模和地域范围不断扩大，成为当时日本人口最多的经济中心地区。

此外，世界银行2010年一项统计也指出，如曼哈顿、旧金山湾、

① 周一星. 北京的郊区化及引发的思考［J］. 地理科学，1996（8）.

东京湾、香港等地区人口最为密集。根据美国加州政府公布的2013年人口统计数据，加州总人口达3834万，居全美第一，并且旧金山湾区人口增长速度最快。纽约湾区也因发达的金融业和制造业、便利的交通、高水平的教育和优良的环境，吸引了人口聚集，所吸引的人口达到美国总人口6.2%（2017年）。据统计，2017年，纽约湾区人口2030万，东京湾区人口约4400万，旧金山湾区人口有780万，而我国的粤港澳大湾区人口达到6960万。湾区内人口聚集促进了湾区经济实力增强与全面发展，对形成规模庞大、功能齐全、扩散作用显著的湾区经济具有显著作用。（表2-1）

表2-1　四大湾区人口情况对比

指标	东京湾区	旧金山湾区	纽约湾区	粤港澳大湾区
人口 / 百万人	44.0	7.8	20.3	69.6
地区生产总值 / 亿美元	19000	8375	17177	15134
人口占全国比例 / %	29.7	2.4	6.2	5.0
地区生产总值占全国比例 / %	43.3	6.3	8.9	12.4
人均地区生产总值 / 万美元	5.0	11.3	8.5	2.2
世界100强大学数量 / 所	2	3	2	4

数据来源：NBS（国家统计局住户调查）、CEIC、BEA、HKTDC、广东省统计局

注：表内均为2017年数据。

五、湾区经济形成的城市因素

世界级的港口城市是湾区经济形成的重要牵引力。湾区由于绵长的海岸线、广袤的腹地，能在面积相对较小的空间内孕育多个港口城市，同时湾区通道建设使得湾区港口城市两点之间的通勤距离降到最短，促进了湾区内的城镇化发展，加强了湾区内城市间的联系。湾区内城镇化的发展基于港口城市的发展程度，同时与周边中小城市相联合，在市场资源配置规律作用下形成更大的城市群。港口城市的发展将引导相关产业向其他城市延伸与扩散，推动周边城市的实质性发展；而周边城市的发展亦将反哺核心城市，形成资源共享、优势互补、共同发展的格局，从而共同提升整个湾区经济的竞争力。

一方面，作为湾区经济的基本单元，港口城市既是对外开放的重要门户，又是连接本国市场和国际市场的重要节点。也就是说，湾区经济之所以具备高度的竞争力，在于与其他城市群经济相比，湾区经济拥有多个能量各异的世界级港口城市。另一方面，湾区内的城市功能分工明确，能够将集聚效应最大化发挥。例如：在东京湾区内，东京是日本最大的经济、金融与交通中心，千叶市是京叶工业区的重要组成部分，是日本的重化工基地之一；美国的旧金山湾区内，旧金山金融业与旅游业发达，奥克兰发展装备制造与港口经济，圣何塞是最大的电子制造工业基地。各个主要港口城市依据自身基础和特色来承担功能，在分工合作、优势互补的基础上形成组合，成为一个多功能复合体，能够充分利用资源，增强综合竞争力。（表2-2）

表2-2　三大湾区区域分工情况

湾区	区域代表
纽约湾区	曼哈顿：是纽约湾区的核心，形成以金融商务服务业为主导产业集群发展的模式。总面积57.91平方千米，150万人口，云集来自全球的银行、保险公司、交易所及大公司总部，集中了百老汇、华尔街、帝国大厦、格林威治村、中央公园、联合国总部、大都会艺术博物馆、第五大道等，是世界上就业密度最高的城市，也是公交系统最繁忙的城市，旅客量近3000万人次/年
	康州地区：位于湾区东北部，为美国传统工业重镇，制造业历史悠久，种类多样，是全美最重要的制造业中心之一。全球对冲基金之都格林尼治（174平方千米内汇集50余家顶级对冲基金）也体现了康州的金融地位。此外，作为地区生产总值排名全美第三位的康州，产值高的产业还有房地产业、制造业、耐用材料业等
	新泽西州：位于湾区西北部，制药业非常发达，世界上最大的21家制药和医疗技术公司总部或中心设在新泽西，如强生等。一大批通信产业聚集在普林斯顿大学和贝尔实验室旁边
	北湾：是美国著名的酒乡和美食之都，据称全美90%的葡萄酒都产于此。由于人口密度小、缺少大规模人口聚居区，北湾是湾区内唯一没有通勤轨道交通的地区，金门大桥是此区往旧金山唯一的道路。除了一小部分地区外，北湾是一个极为富有的地方，马林县经常被列为全国最富有的行政区，这里有着最好的眺望旧金山的豪宅
旧金山湾区	旧金山市区：重要海军基地和著名的贸易港。工商业发达，是美国西部最大的金融中心，是互联网初创公司和新兴社交媒体的一个大本营。总部设在旧金山的知名技术公司包括打车软件运营商优步、住宿分享平台爱彼迎、社交媒体推特等。依托医学和生物技术出类拔萃的加利福尼亚大学旧金山分校，大量尖端生物医药公司也落户旧金山

续表

湾区	区域代表
旧金山湾区	东湾：拥有湾区最大海港奥克兰港，是美国第五大集装箱货运港口。美国顶尖高校加利福尼亚大学伯克利分校也在东湾，与旧金山隔海湾相望
	旧金山半岛：介于旧金山和南湾（硅谷）之间，包括部分硅谷城市。旧金山港是世界三大天然良港之一，主要经营散货装卸、渡轮服务和船舶修理业务
	南湾：以硅谷地区为主，云集了成千上万家高新科技企业，涉及计算机、通信、互联网、新能源等多个产业。这里的科技公司可谓群星闪耀，比如全球市值最大的两家公司——苹果和“字母表”（谷歌母公司），以及市值第五大公司脸书，老牌科技巨头惠普、思科、英特尔等
东京湾区	东京：以对外贸易、金融服务、精密机械、高新技术等高端产业为主，是日本最大的金融、商业、管理、政治、文化中心，全日本30%以上的银行总部、50%销售额超过100亿日元的大公司总部设于此，被认为是“纽约+华盛顿+硅谷+底特律”型的集多种功能于一身的世界大都市
	京滨、京叶：日本最大的重工业和化学工业基地，以钢铁、石化、现代物流、装备制造和高新技术等产业为主

注：数据根据公开资料整理。

陈燕、林仲豪在《粤港澳大湾区城市间产业协同的灰色关联分析与协调机制创新》一文中，基于粤港澳大湾区2016年9市2区19个行业数据，对粤港澳大湾区分行业区位熵以及城市间和行业间的灰色关联度进行实证分析。（表2–3）

表2-3　2016年粤港澳大湾区各城市产业协同的灰色关联度排序

排序	1	2	3	4	5	6	7	8	9	10	11
城市	深圳	广州	珠海	江门	佛山	中山	惠州	东莞	肇庆	香港	澳门
关联度	0.975	0.974	0.974	0.961	0.961	0.958	0.956	0.955	0.953	0.936	0.888

数据来源：陈燕、林仲豪所写的《粤港澳大湾区城市间产业协同的灰色关联分析与协调机制创新》。

根据关联度分析模型的解释，灰色关联度越大，表示该城市总体的产业结构与区域整体差异越小。从粤港澳大湾区产业协同的整体关联度来看，除了澳门的关联度为0.888以外，其他城市的灰色关联度都在0.9以上，总体差异不大，说明粤港澳大湾区各城市产业的关联度很大，产业结构趋同程度很高，其中产业总体趋同程度前三位为深圳、广州和珠海，趋同度最低的是香港和澳门。

此外，2016年粤港澳大湾区19个行业协同灰色关联度排行如表2-4。

表2-4　2016年粤港澳大湾区19个行业协同灰色关联度排行

排序	行业	灰色关联度
1	采矿业	0.999
2	农林牧渔业	0.994
3	建筑业	0.988
4	电力、热力、燃气及水生产和供应业	0.985
5	教育	0.984
6	卫生和社会工作	0.981

续表

排序	行业	灰色关联度
7	公共管理和社会组织	0.980
8	水利、环境和公共设施管理业	0.978
9	金融业	0.976
10	交通运输、仓储和邮政业	0.969
11	房地产业	0.953
12	科学研究和技术服务	0.948
13	制造业	0.948
14	信息传输、软件和信息技术服务业	0.946
15	批发和零售业	0.930
16	租赁和商业服务业	0.929
17	住宿和餐饮业	0.888
18	文化、体育和娱乐业	0.887
19	居民服务、修理和其他服务业	0.861

数据来源：陈燕、林仲豪所写的《粤港澳大湾区城市间产业协同的灰色关联分析与协调机制创新》。

从区位熵各行业的横向比较来看，粤港澳大湾区的制造业整体区位熵较高，除香港、澳门和广州外，其他城市的区位熵都在2左右，说明粤港澳大湾区制造业优势明显，且与香港和澳门有较强互补性；香港和澳门的批发零售业区位熵均大于2，而广东9市为1左右，说明香港和澳门的优势很明显，与广东9市的互补性显著；香港的金融业有较强优势，而澳门和广东9市都小于1，粤港澳大湾区可以借力香港的金融业优势更快融合提升。

六、湾区经济形成的制度因素

合理有效的制度安排是湾区经济形成的重要保障。湾区经济一般涵盖多个行政区，当湾区经济一体化时，人力、资金、科技、信息等要素是全方位流动的，要使整个湾区的“多核、多圈”聚合为新的“核心区”，以开阔的“叠合、共生”视野对外辐射扩散来谋取更大的整体利益，这就需要通过制度安排给予区域内的融合发展模式进行统筹规划。

一方面，湾区经济的形成是建立在市场机制基础上的，市场机制被认为是湾区经济发展的根本动力，市场能够根据其自身原则作出合理的要素配置，有利于实现要素价值和利益的最大化，能使湾区内各城市间达到一种协调发展的态势，有利于湾区内城市和经济结构的转型升级，原因在于：第一，生产要素在市场机制下可以自由流动，为湾区内部聚集和外溢效应的产生创造了最为基础的条件；第二，湾区内的核心城市将在市场机制作用下快速发展，形成湾区内的核心增长动力；第三，湾区内城市群的发展有利于降低行政界限，所以市场机制作为最基本的经济关系，有利于湾区城市群的发展保持自身特点，为湾区经济发展提供更为坚实的基础。

另一方面，湾区经济的形成也需要政府在宏观层面进行调控。政府在湾区经济形成过程中，更多的是培育市场机制与建立健全相关制度，而不是深入市场经济的微观领域进行干预。而且，湾区经济的形成，需要产业合作、城市基础设施衔接、生态环境保护等合理的分工协作，因此湾区内各城市的融合发展需要政府进行规划性指导。

回顾国外三大湾区经济的发展，无不是市场主导与政府调控相结合而形成的。

旧金山湾区：湾区内的硅谷由于市场很少受到管制，政府充当市场环境创造者和培育者的角色，积极推进相关法律的制定与实施，努力消除贸易壁垒，形成了比较成熟的政府与市场间的关系。旧金山湾区内成立了旧金山湾区政府协会、交通委员会等多种组织，来明确湾区内城市与港口的角色定位，协调湾区内各城市之间的矛盾，加强湾区内的分工协作体系运作安排。

东京湾区：由于日本土地资源稀缺、区位经济发展不平衡，促使日本政府较早意识到国土资源开发利用和规划整治的重要性。1950年，日本政府就制定颁布了《国土综合开发法》，1956年颁布《首都圈整备法》并制定开发计划，1956至1999年，又先后5次对东京湾区的规划和开发方针进行修改，从而助力东京湾区经济形成。

纽约湾区：湾区内建立了跨行政区域的纽约区域规划协会（RPA），通过在更广阔的空间范围内进行规划配置，实现资源的帕累托效应，推动纽约湾区经济发展。

至于粤港澳大湾区，2015年，中央全面深化改革领导小组第十六次会议审议通过了《关于实行市场准入负面清单制度的意见》。实行准入前国民待遇加“负面清单”的管理方式，就是推进政府职能转变，探索创新经济管理模式，从而发挥市场在粤港澳大湾区经济中的资源配置的决定性作用。

湾区区位优势的开发利用，首要问题在于规划整治，没有规划的开发是掠夺式的开发，不加整治的利用将导致区位资源的损毁。开发利用是市场机制发挥资源配置的基础作用，规划整治需要政府科学地导向与适度地干预，两者缺一不可，所以湾区经济的建设需要重视市场机制配置资源的基础作用与政府规划主导和干预相结合的制度安排。

七、湾区经济形成的技术产业因素

技术创新是湾区经济持续发展的引擎。与一般的休闲湾区相比，湾区经济内往往汇集了高度发达且门类齐全的产业体系，从而有利于技术的突破与创新，而这正是湾区经济发展的根本动力。

一些湾区正是抓住了三次科技革命的历史机遇，引导各种要素资源加快向湾区集聚，实现了产业的升级和跨海交通的通达，从而形成了以中心城市为核心，以周边腹地为支撑的开放型经济体系。如：旧金山不是传统的经济中心和政治中心，而是以科技型产业为主，旧金山湾区抓住了第三次科技革命浪潮的趋势，形成了以硅谷为核心的高新技术产业集聚区，拥有大批研发机构和大量科技资源，并最终发展为三大湾区中人均地区生产总值最高的世界级城市群。2018年世界500强中有苹果、Alphabet、Facebook等7家TMT（科技、媒体、通信）企业总部位于旧金山湾区，同时依托科技产业带动了金融及相关服务业发展，风险资本密集度、创新思维活跃度等都在美国首屈一指，使该地区作为“科研湾区”而世界闻名。再例如：东京是日本的政治中心，代表产业是金融业和高端制造业，其中造船、钢铁、汽车、精密仪器等在世界上具有重要地位，东京湾区内的东京市就聚集了全日本20%的大学和30%以上的教员，集聚了全日本25%以上的民间研究机构和全日本50%的顶级技术型公司。2018年，世界500强企业中有7家金融企业、4家汽车与零部件企业、

10家TMT企业总部位于东京。而即便是美国传统的经济中心纽约，在2018年，也就只有世界500强企业中的4家TMT企业总部。（表2-5）

表 2-5　四大湾区技术产业情况对比

指标	东京湾区	旧金山湾区	纽约湾区	粤港澳大湾区
发明专利总量／万件	13.91	5.44	3.96	25.80
世界500强企业总部数／家	38	12	23	20

注：数据根据公开资料整理，其中发明专利总量为2017年数据，世界500强企业总部数为2018年数据。

粤港澳大湾区目前也在发展技术创新的基础条件，全球大学100强中有5所在香港，科研实力雄厚。广东已建设4个大科学装置，分别是散裂中子源、中微子实验二期、加速器驱动嬗变系统及强流离子加速器。截至2017年，广东共有各类国家重点实验室28家，位居全国第四；国家工程技术研究中心23家，国家临床医学研究中心2家。在内地与港澳合作方面，港澳国家重点实验室伙伴实验室共18家，其中，香港16家，澳门2家；科技部国际合作基地（粤港澳联合实验室）1家；教育部国际合作实验室（与港澳共建）5家；广东省教育厅粤港澳联合实验室5家。

技术创新是湾区经济的灵魂，湾区内由于设立了多所培养顶尖人才的高等学府、众多跨国公司的研发中心、不同类型的国家创新机构、许多资本孵化组织，以及促进产学研互动对接的各种产业协作运作平台，从而为新兴产业的形成提供孕育的土壤，使得湾区经济能够催生出强大的产业集聚效应，推动湾区经济更快发展。

第三章
四大湾区城市群发展模式比较

一、社会基础体系比较

（一）经济基础比较

地区生产总值通常被认为是衡量一个地区经济状况的最佳指标。从地区生产总值总量看，东京湾区最大，旧金山湾区最小；（图3-1）从湾区地区生产总值占全国地区生产总值份额看，东京湾区最大，旧金山湾区最小；从地区生产总值集中度看，东京湾区最高，旧金山湾区最低；从人均地区生产总值看，东京湾区、纽约湾区和

旧金山湾区比较接近，粤港澳大湾区相对较低；（图3-2）从地区生产总值增速看，粤港澳大湾区增长率最高，东京湾区最低。（图3-3）由此可见，粤港澳大湾区属于新兴湾区经济体，正处于快速成长阶段，但相较其他三大湾区而言，经济实力仍然较弱。

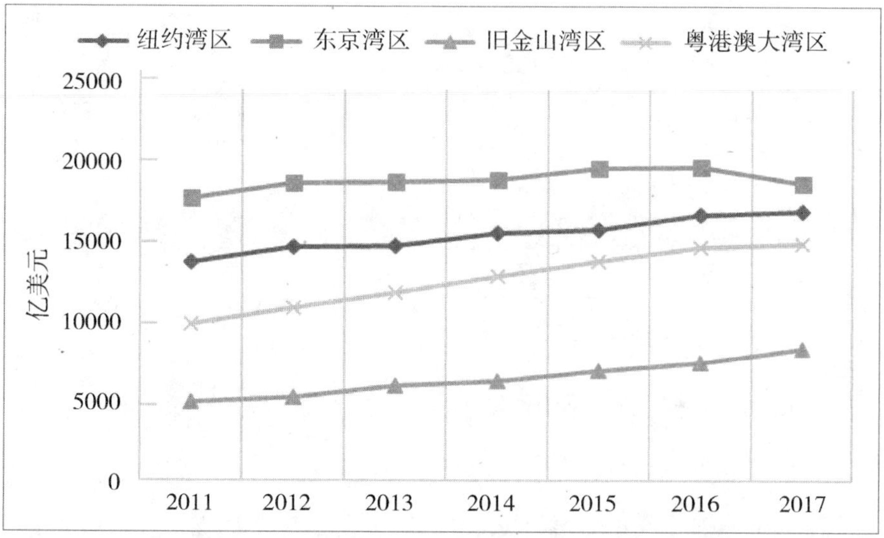

图3-1　2011至2017年四大湾区地区生产总值比较

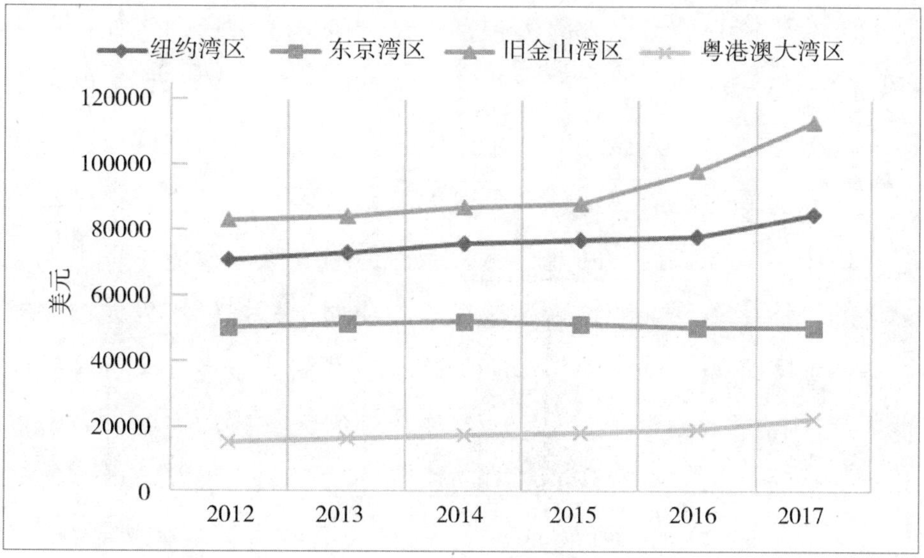

图3-2　2012至2017年四大湾区人均地区生产总值比较

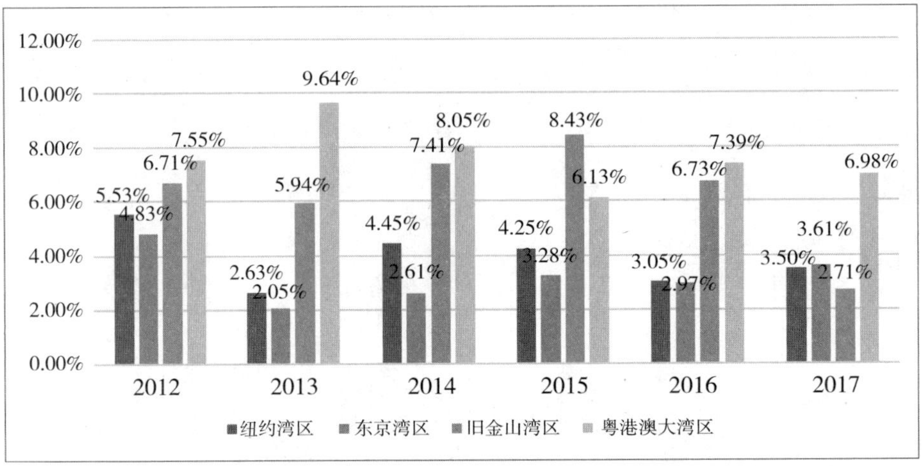

图3-3　2012至2017年四大湾区地区生产总值增长率比较

（二）基础设施比较

基础性动力是基础设施资源的驱动力，由基础设施本身对经济活动某要素产生吸引力的特质来决定。湾区经济的起步阶段在很大程度上取决于基础设施的辐射网络、客货吞吐量规模、高端消费群体等资源的聚集。国外三大湾区实际上都是由世界级城市集群演化而来的，除了核心城市以外，还包括一系列的外围城市，例如：东京湾区除了东京以外，还包括了川崎、横滨、千叶、横须贺等城市；旧金山湾区除了较为核心的旧金山之外，区域内的重要城市还有奥克兰、圣何塞等。虽然国际大湾区内城市众多，但是基础设施却高度一体化，城际轨道、高速公路、城市道路等交通设施呈现出无缝对接的网络化布局，能够为各城市间的交通出行提供极为便利化的服务。除了交通设施之外，国际大湾区在通信、航运、金融等领域也实现了高度一体化，全方位、系统化、嵌入式的深度融合有效提升了大湾区作为一个整体的运行效率和竞争实力，为各种要素资源的优化配置提供了基础性的保障。

此外，世界级湾区城市在经济性的基础设施上的建设均全面且质量高，如东京对水质要求较高，其自来水都可以直接饮用；社会性基础设施配置多样化，有展览中心、体育馆等，满足人们的多样化需求，且有世界影响力，如旧金山的硅谷等。世界知名湾区城市建设必不可少的是交通体系的建设。（表3-1）

表3-1　世界典型湾区基础设施对比

对比项目	世界典型湾区			
	纽约湾区	东京湾区	旧金山湾区	粤港澳大湾区
城际铁路群	27条地铁线，轨道运营长度为660千米	12条地铁线，轨道运营长度为292千米	10条地铁线，轨道运营长度为175千米	广州、深圳和香港分别拥有10条、11条和9条地铁线
机场群	肯尼迪国际机场、纽瓦克自由国际机场、拉瓜迪亚机场、艾斯利普机场，2016年的吞吐量分别为5895.6288万人次、4035.1331万人次、2978.6769万人次、130万人次	主要有羽田和成田两大机场，2016年吞吐量分别为7985.249万人次和3905.3652万人次	旧金山国际机场、奥克兰国际机场、诺曼·米内塔圣何塞国际机场，2016年旧金山国际机场吞吐量为5310万人次，其余两个机场吞吐量较低	共有7个机场，其中香港国际机场、广州白云国际机场、深圳宝安机场、澳门国际机场，2016年的吞吐量分别为7000万人次、5977.66万人次、4195.51万人次、660万人次

续表

对比项目	世界典型湾区			
	纽约湾区	东京湾区	旧金山湾区	粤港澳大湾区
跨海交通群	布鲁克林大桥、威廉斯堡大桥、皇后区大桥、韦拉札诺海峡大桥、三区大桥、乔治华盛顿大桥	京门大桥、彩虹大桥	安蒂奥克大桥、杜巴顿大桥、卡基尼斯大桥、圣马特奥大桥、伯尼夏—马丁斯内大桥、海湾大桥、金门大桥	港珠澳大桥、虎门大桥、虎门二桥（南沙大桥）、深中通道（计划2024年建成）
机场旅客年吞吐量／亿人次	1.50	1.42	0.98	1.98
港口集装箱年吞吐量／万 TEU	495	813	329	6950

注：均采用2017年底数据。

根据四大湾区交通基础设施对比情况可以看出，粤港澳大湾区的地铁分布密度情况，较东京等发达湾区仍有一定的差距；空中运输方面，粤港澳大湾区在2016年机场吞吐量已超过纽约湾区、东京湾区、旧金山湾区，在全球湾区中已居于领先地位，但是虽然航空客货总量大，但与其他世界级湾区相比，人均航空出行次数依然较低，仅为纽约湾区的1/4。此外，目前粤港澳湾区国际直达通航点数量仍然偏少，面向全球的航空网络不够完善。根据英国欧艾吉航空国际有限公司（OAG）2015年发布的全球航空枢纽连接度指数排名，全球连通性最好的50家枢纽机场中，粤港澳大湾区中仅香港机场入围。随着粤港澳大湾区内港珠澳大桥、深中通道、南沙大桥、赣深高铁、广汕高铁等陆续建成开通，粤港澳大湾区内部有望实现环珠三角一小时经济带的愿景，极大提高人们的通勤效率，促进东西两岸经济交流和资源整合。

（三）政府治理比较

湾区经济一般涉及多个行政区，不管是产业的分工合作、城市基础设施的衔接，还是生态环境的保护，都需要区域协调，而且发展成熟的湾区经济无不有着合理的分工协作体系，包括加强统筹规划，明确城市与港口的角色定位，成立湾区政府协会、交通委员会等多种治理组织等，在更广阔的空间范围内进行规划配置，实现资源的帕累托效应，一个跨行政区域的规划是必不可少的因素。

1. 美国：更大区域内的协同治理

随着纽约湾区、旧金山湾区等城市群进入大发展时代，中心城市和周边市郊逐渐在经济和社会活动中不断融合。但由于各州都有不同的地方政府组织法律以及地方势力，如果没有上级政府的指导或控制城市增长的综合规划，会导致效率低下和社会财富分配不均、公共服务不平等等情况。为此在1950—1970年，美国展开了以创建单中心的大都市区政府为主旨的第一轮城市政府管理模式的改革，通过区域性兼并或市县合并扩大城市地域范围，建成一体化的大都市政府，上层政府功能主要集中于跨地区的事务，而地方性事务由低一层级地方政府处理。但由于单中心的大都市区政府模式过度强调政府体制改革中的集权化，改革以失败告终。进入20世纪70年代后，美国通过20多年的第二轮城市政府管理改革运动，以引进市场机制和竞争为手段，为本国打造了一个多中心模式的竞争性政府。市区政府之间的竞争提高了政府行政效率和公共服务质量，但也产生了部门主义、各自为政和眼光狭隘等诸多缺陷。此外，多中心政府模式强调地方政府为个人需要和选择提供服务，却较少从区域范围出发通盘考虑纽约湾区整体的公共问题，这导致中心城市和次级城市、郊区发展日益失衡的问题无法解决，引发社会对政治伦理方面的争议。

引入竞争机制导致部门之间缺乏合作与协调，带来了碎片化的制度结构。此后，美国政府进行政府改革探索，改革的重点是走第三条道路：在保持多中心政府的基础上，从结构性分权、机构裁减和设立单一职能的机构转向协同政府，用更宽广的视角和更包容的方式来改善当前的经济状况，进行区域协同合作对湾区经济发展产生正面促进作用。例如：纽约湾区内成立的纽约区域规划协会是纽约湾区百年发展的最重要的因素，进行区域协调规划工作，满足区域公共利益需求。旧金山湾区内也成立旧金山湾区规划和城市研究协会，并且在跨入21世纪后加快了致力于和世界其他主要经济区域的全球联络与网络搭建。

2. 日本：良好的沟通机制，协调大小事务

东京湾区内包含了许多大中小城市，它们之间沟通协调的好坏决定湾区建设的步伐的快慢。对此，东京湾区实行多种形式的沟通机制，对城市发展中的问题采取会议协商的方式。比如说，东京湾过去的国际机场只有成田机场，羽田机场主要负责国内通航。于是，在羽田机场国际化过程中，成田机场所在地千叶县受到利益冲击在所难免。在湾区内，各都县和城市互相之间的利益不可能完全

一致，这就需要多种层面的沟通，把大局和利益主张之间的平衡做好。日本就不吝将时间花费在这种沟通上。

保持区域建设的长期性和协同性靠的是规划。国土部门、交通部门、产业部门等对区域发展有各自的布局和规划，各都县和城市也都有自己的布局和规划。日本有全国性综合开发计划，由经济企划部门和国土部门负责，对人口分布、产业分布、基础设施的分布进行全国性的谋篇布局。再往下有大区的规划，如大东京的规划。大东京规划之下，每个地区又有各种规划，如千叶县有千叶县的规划，千叶县自身又有临海部与内陆部的规划等。

这些规划的衔接，都由智库集中协调。由于日本的政府决策者不断变更，每个时代又都有每个时代的诉求，对整个地区来龙去脉有整体把握的就是智库。他们作为对本地区有长期的研究、认识，能起推动作用的一批人，通过参与和主导各种各样的规划来不断地落实对地区发展最为妥当的项目。

3. 中国：政府引导，统筹推进，优化区域经济发展

在“一国两制”发展模式下，粤港澳大湾区经济的发展由政府引导，统筹推进，通过加强顶层设计，强化规划引领，以重点领域和关键环节为突破口，统筹推进基础设施、产业、社会管理、公共服务和生态文明建设等方面的合作，从而以此发挥市场在资源配置中的决定性作用，更好发挥政府作用。

国家发展和改革委员会、广东省人民政府、香港特别行政区政府、澳门特别行政区政府四方，一方面，完善协调机制，编制《粤港澳大湾区城市群发展规划》，推进规划落地实施，四方每年定期召开磋商会议，协调解决大湾区发展中的重大问题及商量合作事

项；另一方面，健全实施机制，四方每年提出推进粤港澳大湾区建设年度重点工作，由国家发展和改革委员会征求广东省人民政府和香港特别行政区政府、澳门特别行政区政府，以及国家有关部门意见，共同推动落实。并且，扩大公众参与，强化粤港澳合作咨询渠道，吸纳内地及港澳各界代表和专家参与，研究探讨各领域合作发展策略、方式及问题。以“开放引领，创新驱动；优势互补，合作共赢；市场主导，政府推动；先行先试，重点突破；生态优先，绿色发展”五项合作原则为基础，全面准确贯彻“一国两制”方针，完善创新合作机制，建立互利共赢合作关系，共同推进粤港澳大湾区建设。

（四）城市布局比较

湾区依托共享水体在较小空间内形成非常狭长的圆形海岸线，使得湾区周边的城市群产生一种远远大于一般城市群的向心力，形成世界一流城市群，并推动城市和产业深度融合。纽约湾区由25个县组成，著名城市就有纽约市、纽瓦克市和新泽西市，纽约由此发展成为引领世界经济的全球金融、贸易中心。旧金山由9个县共享湾区，著名城市有旧金山县、奥克兰市和圣何塞市，互相之间形成了比较合理的城市分工与合作。围绕东京湾区，日本形成了大东京城市群，这是目前世界最大的城市群之一，该城市群主要围绕东京中心，以包括东京、横滨、川崎、千叶、横须贺等几个大中城市的关东平原为腹地进行融合发展，形成和发展为京滨、京叶两大产业聚集带和聚集区，东京也因此成为国际金融中心和贸易中心。

1. 纽约湾区：单中心的城市布局

纽约湾区由25个县组成，湾区内重要城市包括纽约市、纽瓦克市和新泽西市，其中的纽约市是湾区内绝对的中心城市，对周边城市有强有力的辐射和集聚作用，周边城市在某种意义上可以看作是纽约市的腹地。

纽约作为核心，具有以下功能及特征：为美国第一大港口城市，重要制造业中心；服装、印刷、化妆品等行业居美国首位，机器、军工、石油和食品加工等行业在美国有重要地位；有58所大学，其中2所是世界著名大学；全球500强企业中有40%坐落于此；是全球金融中心、商业中心；纽约市中城的曼哈顿，为纽约的CBD（中央商务区），总面积57.91平方千米，约有150万人口，全球银行、保险公司、交易所及大公司总部云集；集中了百老汇、华尔街、帝国大厦、格林威治村、中央公园、联合国总部、大都会艺术博物馆、第五大道；是世界上就业密度最高的城市，也是公交系统最繁忙的城市，旅客量近3000万人次/年。

2. 东京湾区：单中心的城市布局

东京湾区由东京都、神奈川县、千叶县、埼玉县组成。以东京为中心，东京湾区环绕着横滨、川崎、船桥、千叶四大城市。东京湾区内，东京是多功能的城市中心。

东京除了是日本的经济中心，具有京滨、京叶工业区和最繁华的商业区，也是日本的文化教育中心，各种文化机构如博物馆、图书馆等均集中在此，并且日本1/3的大学聚集在此地。另外，东京作为一个国际性大都市，会定期举办如音乐节、电影节等各种国际文化交流活动。东京湾沿岸形成由横滨港、东京港、千叶港、川崎港、木更津港、横须贺港6个港口首尾相连的马蹄形港口群，在庞大港口群的带动下，东京湾地区逐步形成了京滨、京叶两大工业地带，钢铁、石化、现代物流、装备制造和高新技术等产业十分发达。东京湾产业的集中和人口的集聚，促进了以东京为核心的首都城市圈发展，使之成为日本最大的工业城市群和最大的国际金融中心、交通中心、商贸中心和消费中心。

3. 旧金山湾区：三大中心的城市布局

旧金山湾区位于加利福尼亚州北部，西濒太平洋，东接内华达山脉，共有9个县组成，湾区内著名的城市包括旧金山市、奥克兰市、圣何塞市，从而呈现多中心格局。

旧金山市是重要海军基地和著名的贸易港，也是美国西部最大的金融中心。发展方向为旅游业、服务业及金融业。

圣何塞市重点发展电子业以及加工工业，其中的圣塔克拉拉谷地又被称为“硅谷”，是许多高科技公司的所在地。该市在2010年人口普查时有945942人，是旧金山湾区最大城市、加州第三大城市，同时也是全美第十大城市。

奥克兰市重点建设港口经济，全球重要的跨国公司都在奥克兰设有办事处，奥克兰事实上也是旧金山的“经济首府”，是区域工业、商业和经济贸易中心。

4. 粤港澳大湾区：三大中心的城市布局

粤港澳大湾区包含广州、佛山、肇庆、深圳、东莞、惠州、珠海、中山、江门9市和香港、澳门2个特别行政区，其中香港、广州、深圳为3座核心城市，湾区内的产业体系呈现梯形，11个城市发挥各自竞争优势，构建协同发展的、具有国际竞争力的现代产业体

续表

城市	核心产业	产业特点	2018年地区生产总值（亿元人民币）
中山	电子信息业、包装印刷业、医药业、五金业、灯饰业、服装业、家具业、食品业、家电业	专业镇布局明显，高水平大规模产业集群	3633
江门	金属制品业、电气机械及器材业、化学原料及化学制品业、纺织服装业、摩托制造业	产业集聚效应慢慢凸显	2900
香港	金融业、旅游业、贸易及物流业、商业服务业	实力雄厚，第三产业高度发达	24003
澳门	旅游博彩业、酒店业、饮食业、零售业	旅游博彩业与其相关配套产业占据绝对优势	3609

注：根据各个城市的政府公开数据资料整理。

二、总部经济商业圈比较

总部经济是跨国公司经济的具体表现形式，是湾区经济的重要内涵和突出标志。根据联合国统计，20世纪90年代，世界上最大的100家跨国公司总部所作出的投资决策就占同期全球跨国投资额的1/3。此外，跨国公司还是资源要素的集约配置极、各类有形无形贸易的驱动极和高新技术的开发极。

从世界500强企业2015年数据来看，国外总部经济发展较好的城市是纽约、伦敦、东京、巴黎等中心城市。东京拥有世界（财富）500强企业的总部数量最多，达到60家，纽约湾区只有22家，旧金山

湾区28家，粤港澳大湾区17家。（表3-3）

表3-3 世界典型湾区经济与总部经济商业圈关系比较表

世界典型湾区	经济总量及比重	总部数量/家	公司总部
纽约湾区	纽约湾区的对外贸易周转额占美国的1/5，制造业产值占美国的1/3	22	美国最大的500家公司，有1/3以上的总部设在纽约湾区；纽约市共有17家世界500强企业，其中13家是金融机构
东京湾区	东京湾区经济总量占全国的1/3，工业产值占全国的3/4，商品零售总额值占全国的30%	60	日本年销售额在100亿元以上的大企业有50%设于东京湾区，三菱、丰田、索尼等一大批世界500强企业总部均设于此地
旧金山湾区	旧金山湾区地区生产总值高达7855亿美元，超越纽约市，仅次于世界18个国家	28	拥有全美第二多的世界500强企业，包括谷歌、苹果、Facebook等互联网巨头和特斯拉等高新技术企业全球总部。并且，旧金山还是美国仅次于纽约的第二大银行服务业中心，世界500强企业总部中，金融机构占7家
粤港澳大湾区	粤港澳大湾区实现地区生产总值1.36万亿美元，排四大湾区之首	17	知名跨国公司有150多家，世界500强企业有76家，外资金融机构有56家。并且，世界500强企业中有17家将总部设于粤港澳大湾区，其中香港占6家、深圳占6家、广州占3家、佛山占2家

资料来源：《发展规划与结构调整》与网络公开资料。

注：表内均为2015年数据。

从四大湾区拥有世界500强企业分行业的情况来看，东京总部经济功能十分突出，东京集聚了日本50%以上的年销售额超过100亿日元的大公司、100多家银行总部和86%的证券交易，拥有13家国际组织，拥有世界500强企业和最大跨国公司数量甚至超过了纽约，并且东京在制造业、金融业，以及电信、零售、印刷出版、广告、运输等行业的发展都更强大、更全面。因此东京湾区的总部经济圈发展是四个湾区经济中发展最好的。

纽约湾区侧重于金融行业的发展，以银行、证券和保险对现代经济的控制力来形成和维持其作为总部经济中心城市的集聚和辐射力。此外，大量金融服务与风险投资机构支持创新融资，使纽约湾区成为美国和国际大型创新公司总部的集中地。全美500家最大的公司，约有30%的研发总部与纽约的金融服务相联系，吸引了各种专业管理机构和服务部门，形成了一个控制国内、影响世界的创新服务和管理中心。

旧金山湾区也是美国重要的总部经济中心，侧重于电子与信息业以及金融的联动发展，拥有全美第二多的世界500强企业，并且金融机构占比仅次于纽约湾区。在2010年世界500强公司中，有31家美国公司总部位于旧金山湾区，这些公司年收入合计达到8840亿美元。旧金山湾区也是美国乃至世界风险投资行业最发达的地区。

目前，我国总部经济建设处于初级阶段。根据《中国总部经济蓝皮书》的划分，我国大陆地区 35 个主要城市总部经济发展能力被分为 4 个能级，其中北京、上海、广州和深圳分列前四位，位于第一能级。外国跨国公司在我国设立总部的首选是北京和上海。相比之下，世界500强企业在广州和深圳的投资项目更多是从生产和销售的角度出发，广州和深圳在地区总部和投资管理乃至研究开发等方面与北京和上海的差距较大。并且在广州和深圳尚未投资但已经设立办事处的世界500强企业为数不多，说明粤港澳大湾区在以后吸引世界500强企业前来投资方面后劲不足。

三、金融业与服务业比较

强大的金融保险业是湾区经济发展的重要支撑，同时也是世界一流湾区的主要特征。从四大湾区看，纽约湾区是全球规模最大、最发达的金融中心，拥有全球市值最大的纽约证券交易所和全球市值第二大的纳斯达克证券交易所，金融服务业占湾区地区生产总值的比重高达15.39%。在全球最大的100家银行中，有90%以上在纽约设有分支机构。东京湾区作为世界上重要的国际金融中心，是日本最主要的银行集中地，也是世界上最大的证券交易中心，拥有日本最大的证券交易所——东京证券交易所，截至2016年底，市值为50615.4亿美元，在全球交易所中排第三，占日本全国证券交易量的80%。旧金山湾区是以风险投资著称的专业性科技金融中心，科技银行业务尤为发达。

粤港澳大湾区中的深圳证券交易所（简称“深交所”）是我国第二大证券交易中心。截至2016年底，深圳证券交易所上市公司总市值为2285亿美元，香港证券交易所上市公司总市值为3325亿美元，均低于纽约证券交易所、纳斯达克证券交易所和东京证券交易所的上市公司市值。（图3-4）

湾区经济的另一大特点是高端服务业发达，尤其是金融服务业。根据英国智库Z/Yen集团发布的全球金融中心指数报告（GFCI）的2012年3月至2017年3月数据，四大湾区中纽约湾区排第一，得分远高于其他湾区，东京湾区次之，粤港澳大湾区排第三。（图3–5）全球金融中心指数报告是以营商环境、金融体系、基础设施、人力资本以及城市声誉为主要评价指标进行评判的，其中粤港澳大湾区内入报告城市为香港与深圳，广州于2017年3月首次进入该报告。

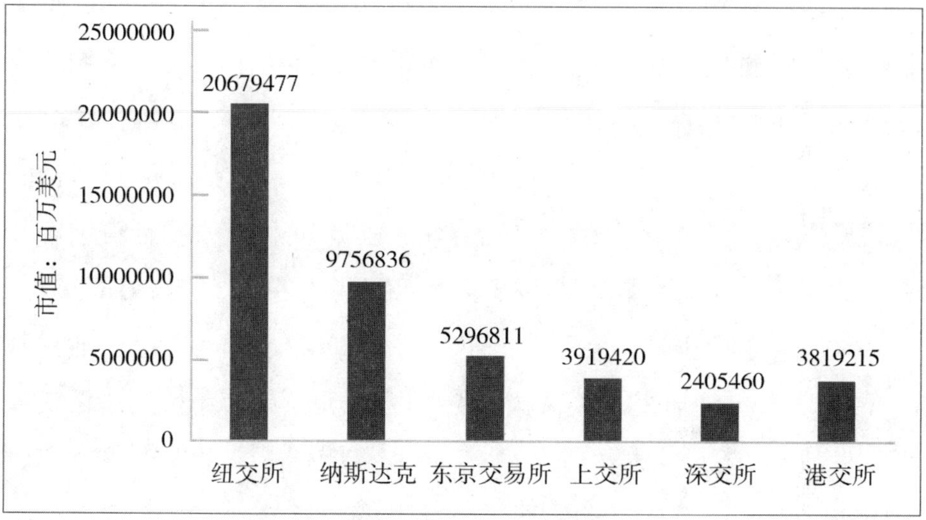

图3–4 2018年世界各大证券交易所市值

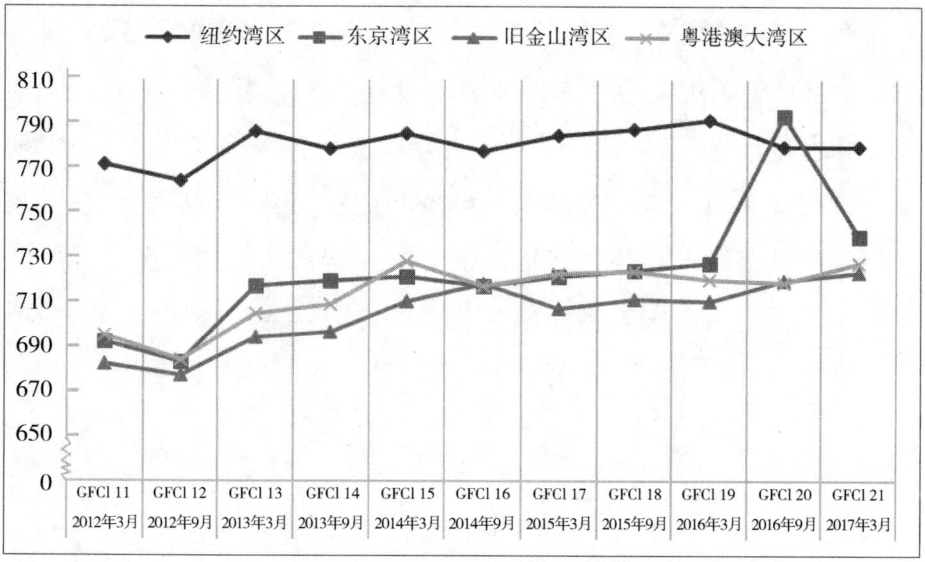

图3–5 四大湾区2012年3月至2017年3月全球金融中心指数排行情况

进入“全球金融中心指数”的城市具有发展迅速、潜力巨大、特色鲜明的金融产业特点。粤港澳大湾区内的香港、深圳、广州3座城市金融发展各具特点，其中香港作为特别行政区，享受到了独特的政策优惠，是世界知名的繁华大都市，是重要的国际金融中心、国际航运中心和国际贸易中心，被称为“购物天堂”，拥有邻近国家和地区不可替代的优越地位。同时香港也是仅次于伦敦和纽约的全球第三大金融中心，与纽约、伦敦并称“纽伦港”。深圳在跨境金融以及金融创新中有其他城市无法比拟的优势，依托前海自贸试验区，可以进一步地深化深港金融合作，在跨境金融领域有着创新和试错的机会，深圳金融产业集聚效应正不断增强。截至2016年末，前海深港合作区注册的金融类企业有5.09万家，占前海入区企业总数的46.6%，合计注册资本（含认缴）4.4万亿元。前海跨境人民币贷款累计发放365亿元，惠及前海171家企业。广州大力发展直接融资，金融与实体经济双向互动，通过直接融资业务的发展，降低企业融资成本，服务实体经济发展。2016年广州直接融资余额达1.35万亿元，在大城市中仅次于上海（1.48万亿元），占全省的60.65%；直接融资占社会融资规模的比重达52.3%，居全国大城市第一位。

粤港澳大湾区有两大交易所：香港交易所（简称“港交所”）和深圳证券交易所。港交所提供多种资产类别的交易选择，专注于成为中国内地客户群和寻求在华投资的国际客户的全球首选交易所。深交所致力于培育国内创新型企业，助力中国改革举措，并帮助本土企业从“一带一路”倡议中获益。（表3-4）

表3-4 港交所与深交所对比

项目	香港主板	香港创业板	深圳主板	中小企业板	深圳创业板
上市公司数量/个	1813	349	476	907	719
根据市值衡量的前五大板块	金融（28%）	消费者服务（26%）	制造（55%）	制造（68%）	制造（64%）
	地产建筑（15%）	IT（18%）	房地产（14%）	IT（8%）	IT（19%）
	IT（15%）	工业（15%）	金融（10%）	金融（4%）	传媒（3%）
	消费品（12%）	金融（15%）	批发零售（4%）	运输（4%）	环保（3%）
	消费者服务（7%）	消费品（14%）	公用事业（4%）	批发零售（4%）	农业（3%）
上市证券总数/只	14147	350	7099	—	—
总市值/十亿美元	4459	33	1227	1596	771
平均市值/十亿美元	2.5	0.1	2.6	1.8	1.1
平均市盈率/倍	16.0	35.7	25.3	40.7	46.0
日均总成交量/十亿股	275	2	6	8	5
日均总成交量/十亿美元	17.0	0.1	10.0	17.0	12.0

续表

项目	香港主板	香港创业板	深圳主板	中小企业板	深圳创业板
日均总市场成交量/十亿美元	17	—	39	—	—

注：2018年数据。

港交所与深交所定位差异自然导致港交所更加迎合规模更大、更国际化和较为复杂的企业的融资需求，这些企业通常希望有更广泛的产品类别可供选择，而深交所的企业类型较少、交易证券以股票为主，并且主要由中小企业构成。（表3-5）

表3-5　港交所与深交所交易产品对比

交易所	港交所	深交所
产品	股票	股票（A股和B股）
	交易所交易产品（ETF、杠杆化和反向产品）	乐富基金（封闭式基金、ETF、上市型开放式基金、结构型基金）
产品	债务证券	债券（国债、信用债、可转债）
	权证（股票、衍生品）	资产支持证券
	可赎回牛熊证	—
	衍生品（股指、单一股票、外汇、利率、商品）	

预计未来10年左右，粤港澳大湾区的经济增长将为这两个交易所提供充足的机会，使其在中长期发展中获益。这种增长空间可能缘于散户参与度提升、更多国际投资者参与中国资本市场，以及高增长和专注于国际业务的中国企业的资本扩张需求，两家交易所已经将相关机会纳入各自的发展战略。

四、湾区的产业结构比较

无论是东京湾区、旧金山湾区还是纽约湾区，其核心的城市和外围的城市之间都形成了高度协同化的分工模式，构成了产业链上游与下游环节就近布局、紧密衔接的发展模式，能够最大限度地提升产业协同生产的效率。特别是，国际大湾区的核心区往往都是高端产业的集聚区，例如：纽约湾区的曼哈顿华尔街一带就是金融资本和交易所云集的地方，旧金山湾区的核心地带硅谷则是高科技企业、科研院所和高等院校高度集群的区域。这种产业布局模式还带来了局部的“雁阵演化”，即发轫于核心城市和上游产业的科技创新效应能够产生显著的圈层扩散效应，产业结构的转型升级和竞争优势的更替演化依次从核心功能区向外围协同区传递，确保了在转型期和转轨期经济发展不会出现剧烈波动，也避免了竞争优势出现“青黄不接”的问题。

第三产业比重是衡量产业结构优化的重要指标。总体来看，四大湾区地区生产总值都主要由第三产业构成，第三产业增加值比重均在75%以上，而第一产业增加值比重均接近于零。其中，纽约湾区第三产业比重最大。从2016年数据来看，纽约湾区三大产业增加值占比分别为0%、10.65%、89.35%。相较而言，东京湾区和旧金山湾区均形成了以第三产业为主导、以高科技制造业为支撑的产业结构。2016年，东京湾区三大产业增加值比例分别为0.27%、17.46%、82.27%；旧金山湾区三大产业增加值比例分别为0.28%、16.95%、82.76%。与其他三大湾区相比，粤港澳大湾区的第三产业比重最低，主要原因在于目前粤港澳大湾区总体上仍处于港口经济和工业经济阶段。2016年，粤港澳大湾区港口集装箱吞吐量是其他三大湾区总和的4.5倍，而其三大产业占比分别为1.3%、37.6%、61.1%，第三产业占比远低于其他三大湾区82%以上的水平。尽管四大湾区均以服务业为主，但各自服务业种类仍有所不同。（表3–6）

表3-6　全球四大湾区主要产业

湾区名称	主要产业
纽约湾区	房地产业、金融保险业、专业和科技服务业、医疗保健业、批发零售业
东京湾区	服务业、批发零售业、不动产业、制造业、金融保险业和通信传媒业
旧金山湾区	房地产业、专业和科技服务业、制造业、金融保险业、批发零售业、信息产业和医疗保健业
粤港澳大湾区	工业、进出口贸易、金融业、批发零售业、房地产业、交通运输业、仓储和邮政业、信息传输、计算机服务和软件业

从产业结构上来看，四大湾区的港口城市群协同发展。以东京湾区为例，东京湾区将包括东京港、千叶港、川崎港、横滨港、横须贺港、木更津港和船桥港在内的7个港口整合为“广域港湾”：东京主营内贸，千叶负责原料输入，川崎是原材料和制成品所在地，横滨专攻对外贸易，各港口对内各自独立经营、分工明确，对外则形成统一整体，实现城市群港口群巨大的规模经济。另外，港口城市与湾区腹地实现产业互补。以旧金山湾区为例，其三大主要城市旧金山市、奥克兰市和圣何塞市分别为湾区的政治中心、金融中心和文化教育中心，以及分别为湾区的港口、工业中心、高新技术中心（硅谷）。

五、湾区的核心竞争力比较

湾区城市群核心竞争力是指一个湾区城市群在长期发展中能够通过实现可支配核心资源的有效优化配置而形成自我发展机制、自我组织能力和长期、持久、独特、稳定竞争优势的经济综合竞争力中最基本、最重要的一种独特能力。湾区城市群核心竞争力实质上是一个湾区城市群与其他湾区城市群相比，所独具的能够创造更多财富的能力。

纽约湾区城市群的核心竞争力包括：一是拥有功能齐全、服务广阔的消费市场，信息资源丰富，利于形成发达的经济集聚中心。二是纽约港天然的地理区位优势，使得纽约成为连接欧美的最佳贸易中心，促进了经济的繁荣。三是“美国梦”吸引大量移民，他们通过努力实现自我价值，创造财富，为湾区带来高素质劳动力的输入。四是国际资金的大量流入，特别是19世纪成熟的欧洲资本市场为运河和铁路系统的修建提供了大量资金，这也为纽约湾区基础设施的兴建奠定了基础。五是日益完善且不断创新的产业链。

旧金山湾区城市群核心竞争力包括：一是掘金梦吸引了大批移民到来，2007至2011年，加州45%的新创企业都是由移民者建立的。二是鼓励冒险，容忍失败，塑造科技金融“文化基因”。三是以硅谷为代表的高新技术与金融资本良性结合。行业分布上，风险投资的投资对象集中于高科技行业，计算机软硬件、生物医药和信息产业等占比一直高达90%以上。投资阶段上，创新企业的导入期和成长期是大多数风险投资集中关注的阶段，充足的资金来源满足了处于这两个阶段的创新型中小企业融资需求，风险投资的孵化器功能得到了充分体现。退出机制上，美国纳斯达克市场的建立为风险投资提供了畅通的退出机制，为资本的顺利退出保驾护航。四是丰富的大学教育网络是湾区创新系统的核心，特别是斯坦福大学首创的“大学—政府—产业”合作模式，倡导学生走出高校创业，这为硅谷成为创新创业中心起到了重要推动作用。

东京湾区城市群的核心竞争力包括：一是东京位于关东平原南部，连接东京湾，具有独特的海湾环境和明显的区位优势，特别是填海造陆工程为湾区拓展空间提供了途径。二是工业化和城镇化进程是东京湾区形成和发展的巨大社会推动力。产业集群的集约建设、资源的优化配置及人口的集聚扩散，均是在市场化机制下完成。三是对湾区内工业的空间布局进行统筹规划，形成错位发展的思路，促进湾区要素资源的合理流动。此外，重视轨道交通等基础设施建设所形成的巨大外部效应，也是促进东京成为国际湾区的重要因素。

粤港澳大湾区城市群的核心竞争力包括：一是粤港澳大湾区拥有漫长的海岸线，并且港口集装箱吞吐量居世界第一，港口集装箱吞吐量为纽约湾区的14倍、东京湾区的8.5倍、旧金山湾区的28.7倍，具有全球吞吐量第三大的深圳港、第五大的香港港和第七大的广州港等世界级港口，2016年这三大港的总吞吐量为6247万标准箱，为世界第一。二是大湾区具有优良的区位优势，九纵三横的高速公路网和城际轻轨，有虎门大桥、港珠澳大桥、深中通道（在建），这些发达的交通网络为粤港澳大湾区城市群经济发展提供助力。三是香港与澳门是联系海外市场的重要枢纽，香港是国际著名的自由港和深水港，联系欧美市场和东南亚市场；澳门的旅游业和博彩业非常发达，与葡萄牙等葡语系国家有很密切的社会文化交流。四是粤港澳大湾区拥有庞大的人口总量，人口约为6800万人，远高于其他三个湾区城市群。五是粤港澳大湾区地区生产总值总量较好，仅次于纽约湾区，并且粤港澳大湾区地区生产总值增速世界第一，为7%。六是中央政府对粤港澳大湾区发展高度重视，随着国家对粤港澳大湾区发展规划政策落地，进一步加强粤港澳三地区经济、金融、贸易融合，充分发挥三地对外开放平台优势，粤港澳大湾区有望成为世界级经济区和世界级经济增长引擎。七是粤港澳大湾区横跨"'一国两制'三关税区"，除了香港和澳门两个特别行政区，还有深圳、珠海两个经济特区，广东自贸区的南沙、前海蛇口和横琴三个片区，自由港、特别行政区、经济特区、自由贸易试验区等在大湾区的制度叠加效应，为贸易和产业合作提供了广阔的选择空间。

六、湾区的创新体系比较

科技创新是湾区经济发展的引擎，湾区内汇集了活跃的风险资本、发达的创业服务链和众多的科研机构。例如：旧金山湾区每年的风险投资总额超过200亿美元，占美国风投总额的33.5%以上，还具有美国40%以上的风投基金普通合伙人。层出不穷的创业企业与风险资本形成了良性互动：一方面，创业企业吸引大量风投基金落户湾区；另一方面，众多创业成功人士再次成为风险投资人，扶持其他创业企业成长，让湾区涌现出更多的企业，因此加速了旧金山湾区内企业的技术和产品创新。风险资本还催生了孵化器、加速器等创业服务机构。湾区的高校设有孵化器，为有志于创业的年轻人提供一系列服务，从而使得湾区构成了有活力的创新生态系统，这个系统里有众多精于把初创企业推动到后期的专门人才，这些人才在湾区的集聚，大幅提升了创业成功率。再如：东京湾区内的京滨工业区也集聚了众多大企业、高校和科研院所，如佳能、三菱、丰田、索尼、东芝、庆应大学、武藏工业大学、横滨国立大学等，通过产学研合作平台促进研究成果转化，加大对企业的研发投入，打造区域创新体系。

湾区的创新体系发展离不开良好的金融环境。国外的三大湾区建立了完善的金融法制、透明的商业制度和规范的商业纠纷解决机制，营造了有利于国际金融、法律、会计等高端金融专业人才聚集的工作、生活和文化环境。

一方面，湾区内企业的创新力也在一定程度上反映了湾区的整体科技创新实力。据科睿唯安（Clarivate Analytics，原汤森路透知识产权与科技事业部）发布的“2017年全球创新力企业（机构）百强”显示，位于纽约湾区、东京湾区、旧金山湾区、粤港澳大湾区的企业分别有7、24、14、1家。四个湾区的企业创新力差异巨大，众多公司主要分布于东京湾区与旧金山湾区，粤港澳大湾区数量最少。（表3–7）

表3-7　2017年全球创新力企业（机构）百强在各湾区的分布

湾区名称	企业名称
纽约湾区	Air Products、Becton Dickinson、Bristol–Myers Squibb、Corning、Honeywell International、强生、TE Connectivity
东京湾区	普利司通、佳能公司、富士胶片、富士通、日立、本田汽车公司、川崎重工业株式会社、小松集团、京瓷株式会社、牧田株式会社、三菱重工、日本电气（NEC）、新日铁住金、日产汽车公司、日本电信电话株式会社（NTT）、奥林巴斯、欧姆龙、瑞萨电子、信越集团、昭和电工株式会社、索尼公司、住友电气工业株式会社、东芝、矢崎集团

续表

湾区名称	企业名称
旧金山湾区	Advanced Micro Devices、苹果公司、Broadcom、雪佛龙、Dolby Laboratories、谷歌、英特尔公司、Marvell、甲骨文公司、Qualcomm、Seagate、Symantec、加利福尼亚大学、赛灵思公司
粤港澳大湾区	华为技术有限公司

另一方面，湾区内的教育与研究机构，对湾区金融业体系与创新程度也有一定的影响力。纽约湾区的整体教育水平较高，纽约大学、哥伦比亚大学、康奈尔大学、耶鲁大学、普林斯顿大学等著名学府集中于此，正是这些高等学府，为纽约湾区提供了良好的人才资源。东京湾区内单独一个东京市就集聚了全日本120所大学中的20%以上和大学教员的30%，集聚了近500所民间研究机构的25%和600多家顶级技术型公司的50%。旧金山湾区则聚集了一批美国著名的高等学府以及研究性机构，其中有斯坦福大学、加利福尼亚大学伯克利校区、加利福尼亚大学戴维斯校区及加利福尼亚大学旧金山校区等4个世界级的研究型大学，以及航空航天局Ames研究中心、农业部西部地区研究中心、斯坦福直线加速器中心、能源部劳伦斯・利弗莫尔国家实验室、能源部劳伦斯・伯克利国家实验室等5个国家级研究实验室。根据QS（夸夸雷利・西蒙兹公司）发布的2016年世界著名大学排行榜，粤港澳大湾区中的香港4所著名大学进入全球100名，此外，广州还拥有中山大学、华南理工大学等国内知名高校，具有一定的基础性研究能力，但与其他三大湾区相比仍有一定的差距。粤港澳大湾区在香港和广州共拥有8个国家级高新园区和16个“863”基地，并且拥有大量世界一流水平的应用性研究机构，包

括华为、中兴、腾讯、比亚迪等企业在国内外设立的大量研究所、研究中心，但基础性研究机构相当薄弱，目前只有华大基因、光启研究院等少量民营基础性研究机构。

七、核心城市的带头作用分析

核心城市对于湾区经济的发展起到带头作用，是引导、推动湾区经济发展的增长极。核心城市以其巨大的技术经济能量向其腹地进行辐射和扩散，影响着湾区内的每一个城市，能够带动腹地区域经济更快发展。国内外对核心城市的大量研究表明， 核心城市对于城市群经济的发展主要具备聚集作用、辐射作用和示范作用。

1. 纽约湾区

纽约是纽约湾区城市群中的核心。联合国6个主要机构中有5个设于此地。早在20世纪初，纽约就享有全美国“银行之都”的称号。近一个世纪以来，其一举一动都左右着世界的金融、证券和外汇市场。纽约历来又是美国和国际大公司总部的集中地，全美国500家最大的公司，约有30%的总部设在纽约，同时吸引了与之相关的各种专业管理机构和服务部门，形成了一个控制国内、影响世界的服务和管理中心。

纽约也是通过走城镇化道路由小到大不断发展到如今这样的规模的，从实行城镇化，再由城镇化向郊区化过渡。经过工业革命以及美国产业政策的引导后，20世纪20年代，纽约已经发展成为集金融、工业及服务业等多功能于一体的综合性城市。在产业结构的先导创新方面，利用纽约作为极核的聚集能力，在共同市场的基础上，将生产要素汇集于此，通过合理的调整给周围城市带来了契机，完成了区域内各个子城市在职能上的分工：纽约作为一个老工业中心，制造业所占比重逐年下降，而金融、服务等第三产业职能大幅增强，逐渐发展成为世界性金融中心以及全美和国际知名公司的总部所在地；制造业顺理成章地转移到了费城，高技术产业群转移到了波士顿。在配置港口资源方面，纽约同样功不可没。大西洋沿岸多港口，早先各城市的发展都以港口为基础，但是功能重复以致相互竞争影响了港口的利用效率。后来通过纽约港对港口功能的重新配置，现在纽约港重点发展集装箱运输；费城港主要从事近海货运；巴尔的摩港作为矿石、煤和谷物的转运港；波士顿港则是以转运地方产品为主的商港，同时兼有渔港的性质。

2. 东京湾区

东京湾区内的核心城市为东京，东京的城市职能是综合性的，它是全国最大的金融、工业、商业、政治、文化中心，被认为是“纽约+华盛顿+硅谷+底特律”型的集多功能于一身的世界大城市。其主要功能有：一是日本的金融、管理中心。全日本30%以上的银行总部、50%销售额超过100亿日元的大公司总部设在东京。30多万家大小商店，销售额占全国29.7%，批发销售额占全国35.3%。二是日本最大的政治文化中心。东京是首都，有著名的早稻田大学、东京大学、庆应大学等几十所高等学府。三是日本最大的交通中心。东京湾港口群是日本最大的港口群体，以羽田和成田两大国际机场为核心，组成了联系国内外的航空基地。正是这一集多种功能于一身的性质，奠定了东京在东京湾区的核心地位，并使之成为辐射带动整个东京湾区经济发展的中心城市。

东京依靠本身的首都优势，聚集强大的人口、资本、生产、信息要素，发展成为全国最大的金融、工业、商业、文化、政治中心。依靠日本的经验，围绕核心城市大力发展卫星城市群是促进湾区内城市群共同繁荣的必经之路。这些卫星城市的发展，全部依赖于东京作为日本经济枢纽的地位和能量巨大的要素、产业聚集和扩散实力。1955年，日本制定《工厂诱导条例》后，各个工厂分别迁出东京中心城区，曾以军用工业为主的相模原市就逐渐被改成了以机械、金融、电机和食品工业为主的新的生产型卫星城市。为解决东京膨胀人口问题而建设起来的多摩居住城，由于人口大量由东京迁入所产生的教育需求，目前已经成为大学的聚集地。根据外围城市与东京之间的产业联动关系，各个产业集群也开始向外围辐射，形成了各具特色的子中心伴随外围卫星城市的城市群结构。汽车制造业由东京迁入名古屋，使其慢慢发展成为汽车产业集群最突出的地区。由于东京和大阪两个城市的强势经济和产业化分工，使处于两者之间的卫星城市形成了各自的特色，带动了整个东京湾区城市群的共同发展。

3. 旧金山湾区

旧金山，工业化起步最早，也最先进入制造业的结构调整，在基础扩大的同时，一些传统部门向外转移。同时，其原有的商业贸易和金融中心地位得到了加强，旅游业发展也引人注目。奥克兰，则是典型的工业化城市，重工业成为其成长最快、最为重要的产业部门，同时，其港口和铁路的设施得到了改善。而圣何塞，这一时期增长比较缓慢，农产品加工业一枝独秀，产业结构单一，制造业基础薄弱。

旧金山市是旧金山湾区的中心城市，一直是美国西海岸的门户。旧金山市在世界金融中心城市中具有重要地位，还可通过总部在其市内的美洲银行与威尔斯-法戈银行这两大银行略见一斑。美国经济史学家格拉斯曾指出："金融中心是都市发展的最高阶段，处于高的产业层次，在发展新产业和产业结构转换过程中，将产业向外转移，促使其他地区的工业化。" 这也正道出了旧金山市在二战后湾区城市中所具有的中心地位，以及对湾区其他地区所起的作用。

4. 粤港澳大湾区

与世界三大湾区比较，粤港澳大湾区城市群的结构更接近于旧金山湾区，两者都存在三个经济地位接近而功能定位又各不相同的核心城市。广州、深圳、香港是粤港澳大湾区内的三个核心城市，发挥这三个城市的核心带头作用，将对整个大湾区的产业合作带来远大于由单核心城市驱动产生的影响。

三个核心城市的产业结构有助于错位发展与分工协作。广州的优势在贸易与综合交通枢纽，深圳主打的是高新技术产业与金融业，而香港依然保持着作为国际金融中心的比较优势，三者之间并不构成直接竞争。即便香港与深圳各自都有强势的金融产业，但侧重点也有所不同，深圳更多地服务内地企业的金融需求，而香港则作为国际资本进入内地的通道发挥着重要的桥梁作用，港深两地的金融产业更多地体现了行业内的分工而非竞争。

三个核心城市能够更有效地辐射整个大湾区城市群，促进其他城市的产业转型与升级。由于知识、人才与优质企业等高端要素天然聚集于核心城市，多核心发展的格局意味着从核心城市溢出的高端要素能够更广泛地被周边城市所吸收，为周边城市的产业转型和升级提供了原动力。另外，广州和深圳的制造服务业的侧重也各有不同，周边城市能够依据自身制造业转型的需要，主动与广州和深圳形成分工。如广州的汽车制造业辐射粤西地区的汽配行业，深圳的高新技术产业辐射惠州、东莞的制造业等。

第四章

四大湾区评价体系构建及经济计量分析

从世界典型湾区发展现状看，开放的经济结构、高效的资源配置能力、强大的集聚外溢功能、发达的国际交往网络是全球湾区经济发展的共同特征。基于湾区经济开放、创新等突出特征，可以归结出四大湾区评价维度体系。（表4-1）

表4-1　四大湾区四个评价维度

评价目标	评价维度	常见指标
湾区城市群的综合竞争力	经济规模维度	湾区生产总值、湾区土地面积、湾区人口规模、湾区辐射区域产业规模等
	经济效益维度	第三产业所占比重、人均产出、地均产出等
	经济开放维度	外贸依存度、跨国公司数量、外资吸收数量等
	经济创新维度	研发投入占地区生产总值的比重、发明专利数量、新产品出口总额等

一、湾区经济评价指标的确定

基于上述对湾区经济四个维度的衡量尺度，遵循数据可获得性原则，本书从四大湾区在2017年的地区生产总值、人口总量、占地面积、人口密度、人均地区生产总值、地区生产总值增长率、第三产业比重、全球金融中心指数、100强大学数量、世界500强企业数等

方面的数据进行分析比较，通过从各大数据库搜索原始数据，并进行数据分析形成对比。（表4-2）

表4-2 2017年四大湾区相关指标数据

序号	指标	纽约湾区	东京湾区	旧金山湾区	粤港澳大湾区
X_1	地区生产总值 / 亿美元	17177	19000	8375	15134
X_2	人口总量 / 万人	2030	4400	780	6960
X_3	占地面积 / 平方千米	21481	13556	18000	56500
X_4	人口密度 /（人·平方千米$^{-1}$）	923	2803	422	1203
X_5	人均地区生产总值 / 美元	84615.00	43181.82	107371.00	21744.00
X_6	地区生产总值增长率 / %	3.5	3.6	2.7	7.0
X_7	第三产业比重 / %	89.50	82.27	82.76	61.10
X_8	全球金融中心指数	756	725	693	700
X_9	100强大学数量 / 所	2	1	3	4
X_{10}	世界500强企业数 / 家	22	60	28	17
X_{11}	最具创新力企业数 / 家	7	24	14	1
X_{12}	海外旅客人数 / 万人次	6269	12744	2032	2985

二、湾区经济评价体系的构建

本书采用主成分分析法对湾区经济进行评价。主成分分析的目的是通过线性变换，将原来的多个指标组合成相互独立的少数几个能充分反映总体信息的指标，便于进一步分析。在主成分分析中，提取出的每个主成分都是原来多个指标的线性组合。具体来说，就是在信息损失较小的前提下，通过正交变换，将原来众多可能存在相关关系的单独变量转化为一组线性无关的变量组合，从而实现降维的目的，提取出观测变量的主要信息。基于对原始变量相关系数矩阵内部结构的研究，通过导出非观测综合变量去描述原始的多个变量之间的相关关系。

主成分评价：当进行多指标的综合评价时，应用主成分方法将多指标中的信息集中为若干个主成分，然后加权求和，得到综合评价指数。

因子负荷：即表达式中各因子的系数值，用于反映因子和各个变量间的密切程度，其实质是两者间的相关系数。

公因子方差比：指的是提取公因子后，各变量中信息分别被提取出的比例，或者说是原变量的信息量（方差）中由公因子决定的比例。

特征根：可以看成是主成分影响力度的指标，代表引入该主成分后可以解释平均多少原始变量的信息。

首先，对原始数据进行标准化处理；然后进行公因子提取，根据主成分分析碎石图，前三个公因子特征值显著大于后者，从第四个公因子开始，特征值变化逐步趋于平稳。前三个公因子的累计贡献率达到100%。因此，提取前三个公因子为宜。（图4-1）

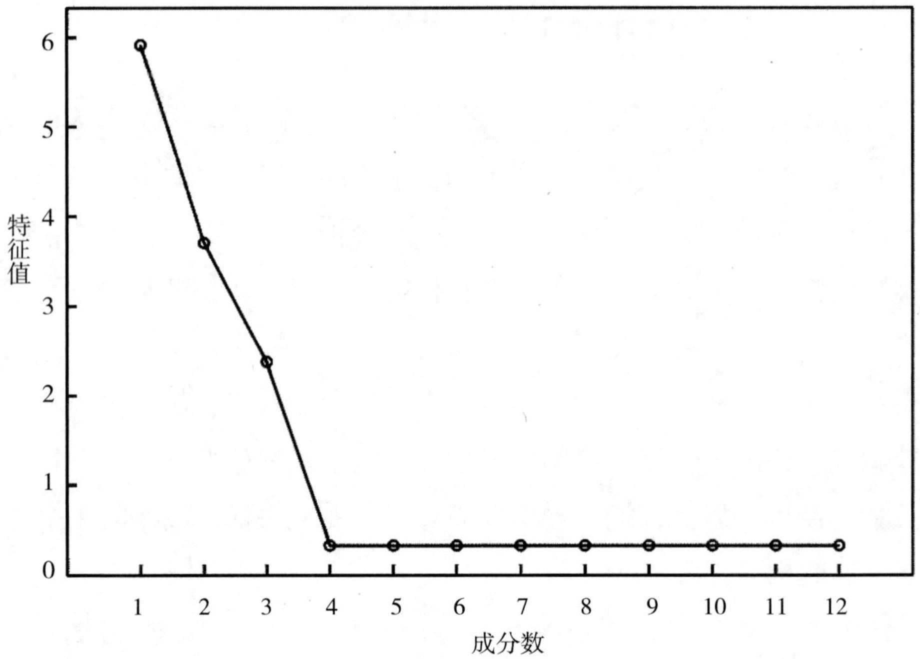

图4-1　主成分分析碎石图

从解释的总方差（表4-3）可知，地区生产总值、人口密度、世界500强企业数、最具创新力企业数在第一个公因子上有较高负荷，这些是湾区经济发展的核心要素，可称之为湾区经济竞争实力；人口总量、占地面积、地区生产总值增长率、100强大学数量在第二个公因子上有较高负荷，这些是湾区经济发展的配套环境，可称之为湾区经济竞争环境；人均地区生产总值、第三产业比重、全球金融中心指数、海外旅客人数在第三个公因子上有较高负荷，这些是湾区产业发展的外围竞争实力，可称之为湾区经济竞争潜力。

表4-3 解释的总方差

成分	初始特征值			提取平方和载入			旋转平方和载入		
	合计	方差的 %	累积 %	合计	方差的 %	累积 %	合计	方差的 %	累积 %
1	5.918	49.319	49.319	5.918	49.319	49.319	4.909	40.905	40.905
2	3.705	30.879	80.198	3.705	30.879	80.198	4.412	36.766	77.671
3	2.376	19.802	100.000	2.376	19.802	100.000	2.679	22.329	100.000
4	0.000	0.000	100.000						
5	0.000	0.000	100.000						
6	0.000	0.000	100.000						
7	0.000	0.000	100.000						
8	0.000	0.000	100.000						
9	0.000	0.000	100.000						
10	0.000	0.000	100.000						
11	0.000	0.000	100.000						
12	0.000	0.000	100.000						

三、评价体系的主成分分析模型

表4-4　旋转成分矩阵

成分	成分		
	1	2	3
地区生产总值 / 亿美元	0.937	0.276	0.213
人口总量 / 万人	0.104	0.990	−0.095
占地面积 / 平方千米	−0.451	0.892	0.025
人口密度 / （人·平方千米$^{-1}$）	0.939	0.261	−0.222
人均地区生产总值 / 美元	−0.155	−0.986	0.059
地区生产总值增长率 / %	−0.884	0.320	−0.342
第三产业比重 / %	0.298	−0.873	0.386
全球金融中心指数	0.198	−0.153	0.968
100强大学数量 / 所	−0.864	0.488	−0.122
世界500强企业数 / 家	0.860	−0.266	−0.435
最具创新力企业数 / 家	0.692	−0.550	−0.467
海外旅客人数 / 万人次	−0.185	−0.140	0.973

表4-5 成分得分系数矩阵

成分	成分		
	1	2	3
地区生产总值 / 亿美元	0.232	0.142	0.126
人口总量 / 万人	0.085	0.250	0.022
占地面积 / 平方千米	–0.041	0.197	0.046
人口密度 / （人·平方千米$^{-1}$）	0.218	0.114	–0.043
人均地区生产总值 / 美元	–0.096	–0.255	–0.037
地区生产总值增长率 / %	–0.185	0.004	–0.141
第三产业比重 / %	0.021	–0.179	0.109
全球金融中心指数	0.063	0.029	0.372
100强大学数量 / 所	–0.163	0.060	–0.046
世界500强企业数 / 家	0.160	–0.036	–0.158
最具创新力企业数 / 家	0.103	–0.120	–0.191
海外旅客人数 / 万人次	–0.021	0.008	0.363

根据旋转成分矩阵（表4–4）和成分得分系数矩阵（表4–5），可计算得出各因子得分的表达式：

$$F_1=0.232X_1+0.085X_2-0.041X_3+0.218X_4-0.096X_5-0.185X_6+0.021X_7+0.063X_8-0.163X_9+0.160X_{10}+0.103X_{11}-0.021X_{12} \quad (1)$$

$$F_2=0.142X_1+0.250X_2+0.197X_3+0.114X_4-0.225X_5+0.004X_6-0.179X_7+0.029X_8+0.060X_9-0.036X_{10}-0.120X_{11}+0.008X_{12} \quad (2)$$

$$F_3=0.126X_1+0.022X_2+0.046X_3-0.043X_4-0.037X_5-0.141X_6+0.109X_7+0.372X_8-0.046X_9-0.158X_{10}-0.191X_{11}+0.363X_{12} \quad (3)$$

将四大湾区的指标值代入上述方程，计算出各因子得分。运用总方差解释表中3个公因子方差的贡献率构造出湾区发展的综合评价模型：

$$F=0.40905F_1+0.36766F_2+0.22329F_3 \quad (4)$$

将各因子得分代入（4）式，可得到2017年四大湾区的综合竞争力得分情况。（表4-6）根据同样的步骤，按照2012年四大湾区数据，得到2012年四大湾区的综合竞争力得分情况。（表4-7）

表4-6　四大湾区综合竞争力比较（2017年）

四大湾区	竞争实力	竞争环境	竞争潜力	综合实力	排名
纽约湾区	0.04151	−0.35586	1.45658	0.211383926	3
东京湾区	1.38490	−0.07136	−0.57181	0.412577673	1
旧金山湾区	−0.89070	−0.96474	−0.72522	−0.880971517	4
粤港澳大湾区	−0.53572	1.39196	−0.15956	0.257003595	2

表4-7　四大湾区综合竞争力比较（2012年）

四大湾区	竞争实力	竞争环境	竞争潜力	综合实力	排名
纽约湾区	0.10316	0.45745	1.42481	0.51747765	1
东京湾区	1.31381	0.21596	−0.69084	0.4836518	2
旧金山湾区	−1.06860	0.78520	−0.70111	−0.321616436	3
粤港澳大湾区	−0.34837	−1.45861	−0.03286	−0.679513013	4

四、湾区发展的主成分分析

通过主成分分析法对四大湾区发展情况进行综合分析，从量化结果可以看出，2017年，东京湾区综合得分排第一，粤港澳大湾区排第二，纽约湾区排第三，旧金山湾区排最后。并且相比2012年的综合排名，粤港澳大湾区进步速度最快，从最后一名跃为第二名，发展态势迅猛。从四大湾区2017年综合竞争力得分情况看，纽约湾区竞争潜力最强，东京湾区竞争实力最强，而粤港澳大湾区竞争环境最强。

在竞争实力排行中，东京湾区在2012年与2017年均最高，纽约湾区次之（2012年，东京湾区与纽约湾区竞争实力得分分别为1.31381与0.10316；2017年，东京湾区与纽约湾区竞争实力得分分别为1.3849与0.04151）。从因子构成成分指标看，地区生产总值、人口密度、世界500强企业数、最具创新力企业数是构成竞争实力的主要因子。在四大湾区2017年数据中，东京湾区地区生产总值、人口密度、世界500强企业数、最具创新力企业数都最高。东京湾区地区生产总值规模是竞争实力排名第二的纽约湾区的近1.34倍，人口密度是纽约湾区的2.85倍，世界500强企业数是纽约湾区的2.73倍，最具创新力企业数是纽约湾区的3.43倍，企业竞争实力与创新力优势，为东京湾区的发展打下良好基础。

在竞争环境得分排名中，粤港澳大湾区占据鳌头。从因子构成成分指标看，人口总量、占地面积、地区生产总值增长率、100强大学数量4个指标在竞争环境得分中具有较高负荷。相较于其他三大湾区，粤港澳大湾区不论是人口总量、占地面积，还是地区生产总值增长率都远高于其他湾区，并且香港的4所高校实力上升，为粤港澳大湾区的教育与创新创造了优良的环境。

在竞争潜力得分排名中，纽约湾区实力强于其他三个湾区。从因子构成成分指标看，人均地区生产总值、第三产业比重、全球金融中心指数、海外旅客人数是影响竞争潜力得分的主要因素。第三产业是湾区生产力水平的重要标志。相较于其他湾区，纽约湾区第三产业占当地生产总值的89.5%，领先东京湾区与旧金山湾区7个左右百分点，高于粤港澳大湾区约28个百分点。与此同时，纽约湾区的全球金融中心指数高于其他湾区，开放、包容，金融业基础雄厚，现代服务业发达，都表明纽约湾区竞争潜力巨大。

第五章 世界典型湾区经济发展主要实践经验

一、湾区经济的外部环境冲击和内在动力的形成

湾区经济的外部环境冲击，指外部环境的调控和引导作用，具体指湾区经济发展到一定阶段时某种外力的强大推动力。外部环境的冲击作用突出表现为政府规划的统筹引导、市场竞争环境的改善。湾区经济演进过程中，难免会出现资源配置失误、港口竞争无序、市场信息不透明等问题，规范发展、协同发展就成了湾区经济发展的客观要求。以东京湾区为例，日本政府制定的《港湾法》等法规，对东京湾区内港口竞争问题进行规范整合，使各港口竞争转化为合力，从而提升湾区整体竞争力。

湾区经济发展的内在动力是湾区经济形态在发展过程中形成的一种内在力量，表现为市场分工、知识共享、规模经济、网络创新、降低交易费用等。湾区经济包含了高度发达的产业集群、完善的市场制度、活跃的创新氛围，湾区在发展过程中创新驱动不断增强，形成了强大产业集群，汇集了大量的市场信息与人才资源，从而激活了湾区经济源源不断的创新动力。

从湾区经济历史的演进来看，由于毗邻港口并占据了有利的区位优势，湾区经济的开端往往起源于港口经济，但随着其经济内涵不断丰富，经济领域不断扩张，之后会经历工业经济、服务经济、创新经济这三个不同阶段。因而从总体来看，随着湾区经济的不断成

熟，由基础设施资源驱动的基础动力的作用会逐渐弱化，而内在动力和外部环境冲击的作用则会在后期进一步凸显，而这其中内在动力将占据主导地位。

纵观全球，发达的市场经济和开放的市场格局是全球一流湾区建设的共同特征，在推进湾区经济建设过程中，要注重发挥市场在生产、生活、生态协作关系中的决定性作用。同时，湾区要注重湾区本身优质要素与外界优质资源的良性互动关系，营造一个良好的要素流动氛围，保障湾区经济的持久创新活力，这是湾区经济建设的重中之重。

二、打破各自为战的行政区划格局

打破行政区划格局的意义在于突破行政边界对大湾区经济融合所造成的限制与阻碍，提升湾区经济作为一个整体的发展效率和发展水平。包括粤港澳大湾区在内，众多的湾区都具备良好的产业基础和优越的区位条件，但是在世界大湾区体系中却一直处于追赶者而非引领者的地位，其中很重要的一个原因就在于人为划分的行政区划格局阻碍了一体化市场的发展。而三大国际湾区虽然也是由城市群构成，但是却通过顶层设计和统一规划在基础设施建设、经济一体化融合等领域取得了重大进展和突破，为要素市场和产品市场的快速发展创造了条件和机遇。在顶层设计的同时，三大国际湾区还对各自的短期规划与长期规划进行了动态的跟踪与修订，从而确保了规划能够充分满足湾区经济发展的实际需求。

其中，最具代表性的是东京湾区，该湾区的统一规划可以追溯至1956年日本国会所制定的《首都圈整备法》。该法案的出台在法律层面为东京湾区的开发建设提供了保障。类似的专门性、补充性法律还包括1958年颁布的《首都圈市街地开发区域整备法》、1959年颁布的《首都圈建成区限制工业等的相关法律》、1966年颁布的《首都圈近郊绿地保护法》以及1986年颁布的《多极分散型国土形成促进法》等法规。在构建湾区法律保障体系的同时，日本分别在1960年、2006年、2011年和2014年推出了《东京规划1960——东京结构改革的方案》《10年后的东京——东京将改变》《2020年的东京——跨越大震灾，引导日本的再生》以及《创造未来——东京都长期愿景》等专项湾区规划，通过具有延续性、可调整的统一规划实现经济的深度融合。

三、构建产业分工的雁阵布局体系

在推进湾区基础设施一体化和经济发展一体化的同时，国际大湾区另一个重要实践经验就是立足核心区与外围区的比较优势，成功地建立了产业分工的雁阵布局体系。在国际大湾区的雁阵布局体系中，核心区扮演着经济增长点和发动机的角色，是高端要素和高端产业高度集聚的区域，在产业价值体系中占据了附加值较高的环节；外围区发挥着承接核心区产业转移和配套设施的功能，布局的主要是与核心区产业关联度较高、处于价值体系中间位置的产业部门。核心区的高端产业与外围区的配套产业相互协同演化，技术溢出效应和反馈促进效应显著，凸显了雁阵布局体系的合理性。

雁阵布局体系的本质在于追求产业竞争优势的协同攀升和梯度转移，能够最大程度地发挥产业链上下游环节之间的协同效应。就国际大湾区的实践经验来看，旧金山湾区的“头雁”在硅谷，汇聚了以谷歌、苹果、思科等世界500强企业为代表的众多电子类高科技企业。而外围的圣何塞市则依托风险投资产业和高等教育产业，为硅谷的创新创业输送资金和人才。另一个处于外围的奥克兰则以制造业和交通运输为主，为硅谷的高科技产业提供各种原材料、中间品以及产品输出服务。另一个典型是东京湾区，作为雁阵理论发源地的日本更加重视产业的合理布局和协同分工问题。为了有效提升东京湾区的国际竞争力，日本从20世纪60年代开始就实施了“工业分散”战略，将核心区的东京都打造成了对外贸易中心、金融服务中心和高科技产业中心，附加值相对较低的一般制造业部门则被迁移至周边的横滨、川崎等城市，最终形成了分工明确、协同发展的产业布局体系。

四、明确市场机制与行政机制边界

各种生产要素能够在国际大湾区内部自由流动，除了受益于经济一体化的顶层设计之外，市场机制与行政机制之间的良性互动也发挥了重要作用。具体来说，三大国际湾区无一例外都是以市场机制为主、行政机制为辅，而且行政机制主要着力于解决湾区经济发展所面临的基础建设和法律保障问题，把组织生产和资源配置的问题交由市场机制去协调，政府部门较少对市场经济进行直接的干预，而且干预的流程也是高度透明化的。正因如此，人才、技术、资本等生产要素得以在大湾区内部自由流动而不会受到各种显性或是隐性壁垒的阻碍，并且在市场机制的调配下达到最优配套状态，从而最大限度地提升湾区经济的生产效率和总体竞争力。

市场机制与行政机制并行不悖且互相协同，能够产生显著的经济增长红利，有利于湾区经济长期健康发展。市场机制的主导性作用在国际大湾区的发展历程中都得到了充分的体现，无论是纽约湾区曼哈顿的金融业，还是旧金山湾区硅谷的高科技产业，都是受到了市场机制的驱动而发展起来的，而这些产业的高度集聚又进一步巩固了市场机制在湾区经济体系中的地位。在这一过程中，行政机制所发挥的主要是基础性作用，即通过营造国际化、透明化、法治化、自由化的营商环境，以及解决产业布局所面临的基础设施配套问题，为高端要素和产业集聚提供优良的环境和服务。因此，市场机制与行政机制缺一不可，而且两者间的边界必须予以厘清，这样才能够确保湾区经济发展的可持续性。

五、构建对外开放的贸易投资格局

构建对外开放的贸易投资格局也是国际大湾区获得成功的重要原因之一。对外开放的贸易投资格局包括了几个层面的含义：一是国际化的营商环境，商事规则与国际接轨，这对跨国公司和外贸公司具有较强的吸引力，能够显著降低企业的适应成本和不确定性风险；二是包容化的创业环境，鼓励创新、支持创业，为创新创业提供各种支持，这对创业者具有较强的吸引力，而创业活动有利于为大湾区建设注入新的活力；三是便利化的贸易投资环境，开展贸易投资活动所涉及的审批和监管流程高度优化，无论是大企业还是中小企业都能够很便利地开展贸易与投资活动。与此同时，对外开放的贸易投资格局涵盖了“引进来”与“走出去”两个环节，前者有利于集聚高端生产要素，后者有利于发挥大湾区的外溢效应。

无论是东京湾区、旧金山湾区还是纽约湾区，都通过构建高度包容开放的贸易投资体系，有效降低了企业的经营成本和创业风险，使得企业能够更加专注和有效率地开展生产经营和科技创新活动，最终培育了一批享有世界声誉的知名公司和知名品牌。以旧金山湾区的硅谷为例，硅谷创新发展正是得益于开放体系的构建，这是一项综合性的工程，涵盖的方面包括：有利于企业创业、创新和发展的政策和体制；专业化中介服务体系；世界一流大学及其与产业的互动；高水平的创意、创新活动；高密集的高素质人才；浓厚的创业氛围、鼓励冒险容忍失败的文化；高质量的生活和人居条件；雄厚的创业资金来源和成熟的金融体系；专业化的技术市场服务体系；便于全球化的区位优势。此外，国际大湾区还立足“引进来”与“走出去”的双向联动，在区域经济发展格局中充分发挥了内联外通的枢纽作用，进一步奠定了湾区的发展地位。

下部

粤港澳大湾区经济发展分析

第六章 粤港澳大湾区营商环境分析

国际大湾区之所以能够产生显著的外溢效应和集聚效应，在很大程度上得益于其高度包容化的营商环境。营商环境的包容化主要体现在几个方面：一是制度环境较为宽松，贸易和投资的便利化程度很高；二是创业氛围浓厚，鼓励创新、容忍失败的创业理念成为主流；三是商事规则国际化，营商环境和商事仲裁流程透明、公平、公正。开放包容的创业环境和经营环境一方面吸引了世界500强企业和机构的进驻，充分发挥了大企业的规模效应和示范效应；另一方面也吸引了众多的创业者投身于湾区经济建设，充分调动了中小企业优秀人才的积极性，为大湾区的发展注入了更多的活力。

一、粤港澳大湾区营商环境优势

1. 港澳营商环境全球领先，外溢效应明显

港澳发达的基础设施、国际化人才队伍、便捷高效的政务服务、较低的税率、自由的贸易和投资体系等条件吸引了世界各地机构与人才，营商环境领先。（图6–1、图6–2）近年来，港澳不断加大与珠三角城市的合作。2017年广州和深圳两地港澳投资额占实际利用外资总额的比重是86.03%。（图6–3）港澳资本外溢的同时也带来了先进经验。香港与澳门，通过不断加强与珠三角城市的合作，引领珠三角地区国际化发展，是大湾区对接国际的有力窗口。

中国		东亚及太平洋地区		人均收入（美元）	8690
营商环境便利度排名（1–190）	46	营商环境便利度分数（1–100）	73.6	人口	1386395000
开办企业（排名）	28	获得信贷（排名）	73	跨境贸易（排名）	65
开办企业分数（0–100）	93.52	获得信贷分数（0–100）	60	跨境贸易分数（0–100）	82.59
手续（数量）	4	合法权利力度指数（0–12）	4	出口时间	
时间 / 天数	8.6	信贷信息深度指数（0–8）	8	单证合规 / 小时	8.6
成本 / 人均收入百分比	0.4	信用局覆盖率 / 成年人百分比	0	边界合规 / 小时	25.9
最低实缴资本 / 人均收入百分比	0	信贷登记机构覆盖率 / 成年人百分比	98.1	出口成本	
				单证合规 / 美元	73.6
办理施工许可证（排名）	121	保护少数投资者（排名）	64	边界合规 / 美元	314
办理施工许可证分数（0–100）	65.16	保护少数投资者分数（0–100）	60	进口时间	
手续（数量）	20.4	披露程度指数（0–10）	10	单证合规 / 小时	24
时间 / 天数	155.1	董事责任程度指数（0–10）	1	边界合规 / 小时	48
成本 / 仓库价值百分比	2.9	股东诉讼便利度指数（0–10）	5	进口成本	
建筑质量控制指数（0–15）	11.1	股东权利指数（0–10）	7	单证合规 / 美元	122.3
		所有权和管理控制指数（0–10）	4	边界合规 / 美元	326
获得电力（排名）	14	公司透明度指数（0–10）	9		
获得电力分数（0–100）	92.01			执行合同（排名）	6
手续（数量）	3	纳税（排名）	114	执行合同分数（0–100）	78.97
时间 / 天数	34	纳税分数（0–100）	67.53	时间 / 天数	496.3
成本 / 人均收入百分比	0	缴税次数（每年）	7	成本 / 索赔额百分比	16.2
供电可靠性和电费透明度指数（0–8）	6	时间 / 小时数/每年	142	司法程序质量指数（0–18）	15.5
		总税收和缴费率 / 占利润百分比	64.9		
登记财产（排名）	27	报税后流程指数（0–100）	50	办理破产（排名）	61
登记财产分数（0–100）	80.8			办理破产分数（0–100）	55.82
手续（数量）	3.6			时间 / 年数	1.7
时间 / 天数	9			成本 / 资产价值百分比	22
成本 / 财产价值百分比	4.6			回收率 / 百分比	36.9
土地管理质量指数（0–30）	23.7			破产框架力度指数（0–16）	11.5

图6–1 世界银行《全球营商环境报告（2019）》之中国内地部分

中国香港特别行政区		东亚及太平洋地区		人均收入（美元）	46310
营商环境便利度排名（1–190）	4	营商环境便利度分数（1–100）	84.2	人口	7391700
开办企业（排名）	5	获得信贷（排名）	32	跨境贸易（排名）	77
开办企业分数（0–100）	98.15	获得信贷分数（0–100）	75	跨境贸易分数（0–100）	95.04
手续（数量）	2	合法权利力度指数（0–12）	8	出口时间	
时间／天数	1.5	信贷信息深度指数（0–8）	7	单证合规／小时	1
成本／人均收入百分比	1.1	信用局覆盖率／成年人百分比	100	边界合规／小时	1
最低实缴资本／人均收入百分比	0	信贷登记机构覆盖率／成年人百分比	0	出口成本	
				单证合规／美元	12
办理施工许可证（排名）	1	保护少数投资者（排名）	11	边界合规／美元	0
办理施工许可证分数（0–100）	88.24	保护少数投资者分数（0–100）	78.33	进口时间	
手续（数量）	11	披露程度指数（0–10）	10	单证合规／小时	1
时间／天数	72	董事责任程度指数（0–10）	8	边界合规／小时	19
成本／仓库价值百分比	0.6	股东诉讼便利度指数（0–10）	9	进口成本	
建筑质量控制指数（0–15）	14	股东权利指数（0–10）	7	单证合规／美元	57
		所有权和管理控制指数（0–10）	5	边界合规／美元	266
获得电力（排名）	3	公司透明度指数（0–10）	8		
获得电力分数（0–100）	99.34			执行合同（排名）	30
手续（数量）	3	纳税（排名）	1	执行合同分数（0–100）	69.13
时间／天数	24	纳税分数（0–100）	99.71	时间（天数）	385
成本／人均收入百分比	1.3	缴税次数（每年）	3	成本／索赔额百分比	23.6
供电可靠性和电费透明度指数（0–8）	8	时间／小时数/每年	34.5	司法程序质量指数（0–18）	10
		总税收和缴费率／占利润百分比	22.9		
登记财产（排名）	53	报税后流程指数（0–100）	98.85	办理破产（排名）	44
登记财产分数（0–100）	73.55			办理破产分数（0–100）	65.69
手续（数量）	5			时间／年数	0.8
时间／天数	27.5			成本／资产价值百分比	5
成本／财产价值百分比	7.7			回收率／百分比	87.2
土地管理质量指数（0–30）	27.5			破产框架力度指数（0–16）	6

图6–2　世界银行《全球营商环境报告（2019）》之中国香港部分

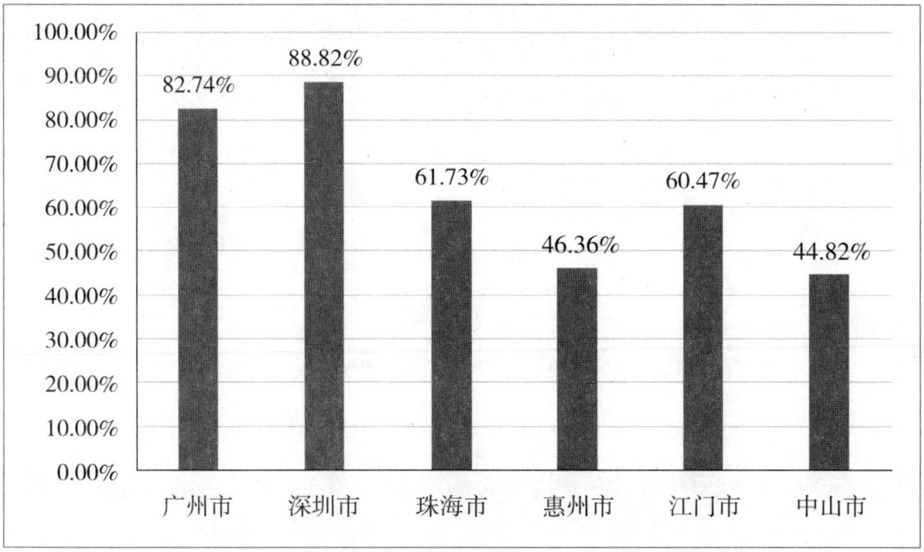

图6-3　2017年港澳投资额占实际利用外资总额的比重

2. 契约意识强，改革创新敢为人先，营商口碑好

一是政企之间和企业之间契约意识强，市场秩序好。一方面，政府遵守承诺，较少企业反映大湾区地方政府在招商引资后出现“变脸”和不兑现承诺的情况。另一方面，企业自觉按规矩办事。粤商是我国历史著名的“五大商帮”之一，在长期历史发展过程中形成了自己的商业组织和商业文化，行业自律性较高。

二是大湾区改革创新敢为人先。深圳前海、广州南沙与珠海横琴等自贸试验区不断深化改革，探索制度创新，积累改革创新经验。这些经验为大湾区经济发展提供了宝贵的参考意见。

三是成熟的商业文化铸就了良好营商环境口碑。除了契约精神强和勇于创新外，大湾区的商业文化还具有包容性强、不仇富与平和等特点。良好的营商环境通过商会等组织在企业家之间口耳相传，加强了企业来大湾区投资经商的信心。

3. 以企业为中心，政府服务意识强

一是政府对企业干扰小，经营环境宽松。企业普遍反映大湾区整体经营环境宽松开放。一方面，政府实施负面清单管理，一般不会干涉企业经营活动，比如，利用权力寻租或者频繁到访企业检查等；另一方面，只要企业经营行为在法律允许范围内，政府不会为难企业，只要达到审批条件，就不会设置种种关卡。

二是政府数字化转型起步早，不断推出创新改革方案，服务效率走在前列。近年来大湾区各地数字化政府服务工作亮点频出。例如，广州南沙新区行政审批改革和口岸通关便利性走在全国前列、广州海珠区在全国率先实施一站式政务服务、深圳推出300个“不见面审批”服务清单和300个“全城通办”服务清单等。

三是知识产权保护力度大，有利于激励人才和企业创新。国家仅在北京、上海与广州3个城市设置了知识产权法院，同时在深圳设置有知识产权法庭。2018年，广州知识产权法院在1—9月累计新收案件7271件，结案5907件，结收案比81.24%。

4. 产业供应链体系完备，企业易生存

大湾区产业供应链体系完备，产业集聚度高，企业易生存。以汽车制造业为例，广州与佛山等主要集聚整车制造类企业，中山与肇庆等大湾区周边城市则大规模集聚零部件相关配套企业。根据公安部交管局的数据，截止到2018年上半年，深圳与东莞汽车保有量居全国前十，汽车消费市场庞大。

5. 基础设施发达，企业经营便利

一是电力资源充足供应。自2009年以来，大湾区大部分城市供电

可靠性持续“领跑全国”。在国家能源局发布的《2017年全国电力可靠性年度报告》中，全口径供电可靠性前十榜单中大湾区城市占了5位。

二是内外部的交通网络发达。对内交通方面，发达的城际轨道网络连接广东片区，港珠澳大桥和广深港高铁将粤港澳三地紧密连接。对外交通方面，大湾区拥有京广和南广等多条高速铁路，构成发达的高速铁路网与庞大的机场群、港口群，与外部城市资源交流频繁。

6. 世界人才雨林初现，创新创业土壤肥沃

一是大湾区世界人才雨林初现，集聚各层次人才。2017年，大湾区大部分城市净流入人口占比超过广东省平均水平。（图6-4）根据深圳市人力资源与社会保障局数据统计，截至2018年4月，深圳累计确认“孔雀计划”人才3264人；引进外籍人才1.6万人，留学人员10万人；累计14名外国专家入选国家“千人计划”外专项目，占广东省“外专千人”人数的50%。同时，香港拥有国际化人才队伍，具有以下两个特点：第一，香港聚集了来自世界各地的国际人才。根据香港特区政府统计处数据，2016年香港青年人口中有3.6%为外籍人口。第二，本土人才的国际化程度高，2017年香港过半数的青年人口可以使用英语沟通，并且香港拥有最自由的贸易体系，本土人才对国际规则的掌握程度较高。

二是大湾区具备肥沃的创新创业土壤。2017年广东片区9市新增国家级高新技术企业超过1.67万家，产业技术创新联盟67个，占广东省新增数量的81.7%。另有414家重点实验室与241所院士工作室。

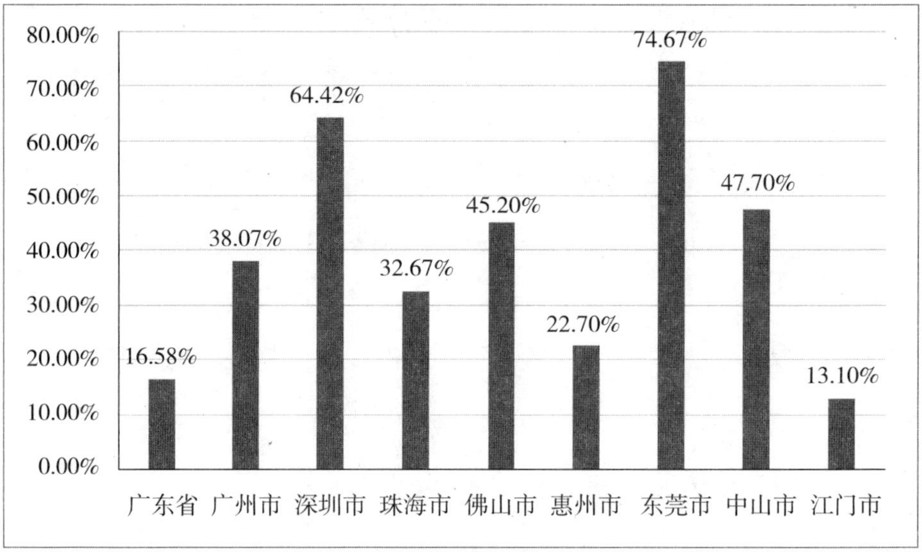

图6-4 2017年广东省部分城市净流入人口占常住人口的比重

7. 经济活动自由度大，改革创新活力强

大湾区拥有香港和澳门两大自由港，集聚三大自贸区，改革创新先进经验丰富。香港与澳门是全球最自由和最开放的自由港之一，在大湾区建设背景下，不断深化与广东省的合作，激发了大湾区的经济活力，引领大湾区进一步改革创新。例如，“深港通”使得深圳与香港在资本市场实现互联互通。此外，大湾区还集聚了三大自贸区，推出众多制度创新成果，多项为全国首创，面向全国或全省推广。例如，实施长达24年的港澳台人员内地（大陆）就业许可制度率先在深圳前海得到突破，随即推向全国；广州南沙新区“企业专属网页”政务服务模式面向全省与全国复制推广；珠海横琴新区率先推出商事主体电子证照卡，随后推向全省。

二、粤港澳大湾区营商环境存在的不足

1. 重数字轻服务，数字化服务型政府的建设任重道远

智慧化政务服务不断推进，但企业获得感不如预期。例如，政府部门内部信息缺乏共享。部分企业反映办理不同业务时，虽然实现了一个窗口接单，但却未实现一个系统办理，办理业务存在重复提交材料的情况。此外，服务跟不上数字化改革的速度。企业反映，虽然多地实现了智能化审批，但有时办理时间反而增加了。窗口工作人员的不熟练和办事大厅缺少专人指引导致智能化效果大打折扣。

2. 营商环境冰山下的隐私障碍常被忽视

部分地区企业周边微环境存在不足，影响企业正常经营活动。部分企业反映，企业附近道路施工进度慢，路况时常处于拥挤状态，影响企业运输效率与员工出行。还有部分企业反映，企业周边缺少生活配套基础设施，在招工与接待外来人员时受到一定影响。

废水和固废处理能力严重不足，影响企业日常经营。一是工业垃圾处理方式尚不明确，导致国家环保政策难以落地。部分企业反映，目前大湾区多地无明确的工业垃圾处理方式，很多地方以生活垃圾的处理方式处理工业垃圾，每逢国家环保督查，企业就不得不囤积工业垃圾，增加了经营压力。二是回收工业垃圾的行业出现不正当竞争，增加了企业经营成本。由于部分政府相关部门没有发布明确的工业垃圾处理方案，外加拥有工业垃圾处理资质的企业数量有限，违约抬价等现象时有发生，导致企业废水和固废的处理成本大大提高。

3. 土地资源总供应量不足，企业用地难

一是土地资源总供应量不足，企业扩建受阻，制约了企业和当地经济持续发展。香港与澳门都是世界上人口密度最高的地区之一，土地资源匮乏问题由来已久。以澳门为例，2009年中央批准澳门大学在珠海横琴建立新校区，并在横琴校区内实行澳门的法律与管理制度，这种特殊的扩建形式折射出澳门土地资源不足的现象。大湾区广东片区部分城市的土地资源也相对不足。调研发现，由于成本等问题，多数企业倾向于在已有工厂基础上扩建，而不是在同一城市不同地区另建工厂。由于大湾区部分城市土地不足，有些企业只能被迫选择在其他城市投产。

二是大湾区土地价格相对较高，加重了企业的用地成本。2018年第四季度，珠三角综合地价和工业地价均高于全国主要城市、长三角和环渤海地区。（图6-5）中国地价监测网的数据显示，珠三角综合地价与工业地价增速较快。长期以来，香港和澳门地价同样较高。2018年香港和澳门每平方米的平均房价已超过了10万元人民币。

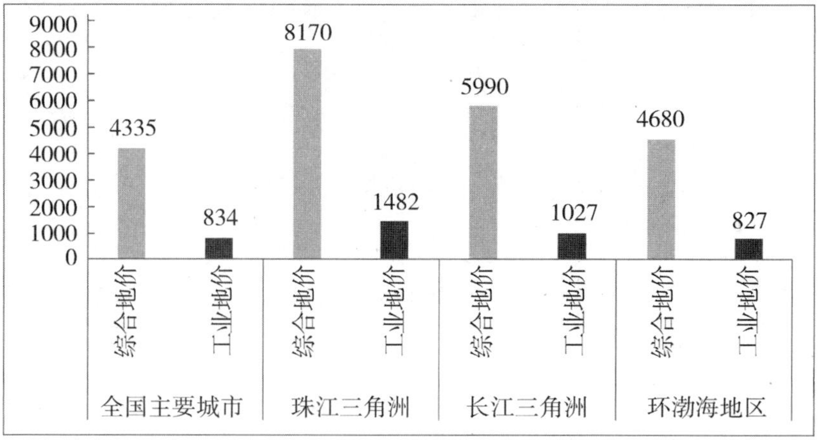

图6-5　2018年第四季度全国部分地区综合地价和工业地价（单位：元/平方米）

4. 人力资源供求关系紧张，用工成本节节攀升

一是劳动力市场供求紧张，“用工荒”现象仍然存在。2017年，大湾区过半数城市求人倍率（就业岗位与求职人数之比）高于广东省平均水平，其中，广州、佛山与中山劳动力市场供应最为紧张。（图6-6）深圳劳动力市场用工情况亦不容乐观。港澳同样存在用工难现象。根据香港政府统计处数据，2018年9月，香港私营机构职位空缺数达到78340人，较上一年同期增长10%，用工难情况有所加剧。

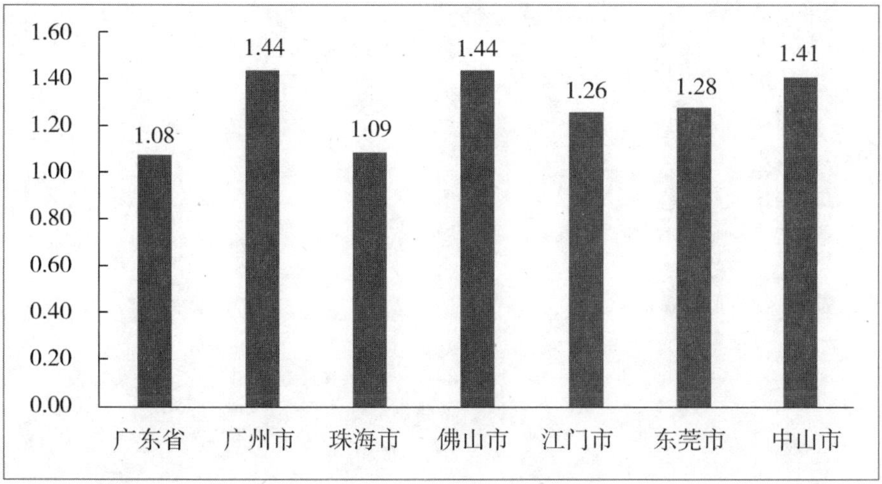

图6-6 2017年广东省及部分城市求人倍率

二是大湾区用工成本较高，城镇私营企业平均工资增速快。2017年，大湾区广东片区9市的就业人员年平均工资水平总体高于广东省与全国平均水平，广州与深圳最为显著；城镇私营企业平均工资增速也远高于全国平均水平，深圳最为明显。（图6-7、图6-8）此外，根据香港政府统计处数据，2018年第三季度，香港所有选定职业的月工资平均为16786港元，9月当时的工资较上年同期增加4.1%，

人工成本高昂。

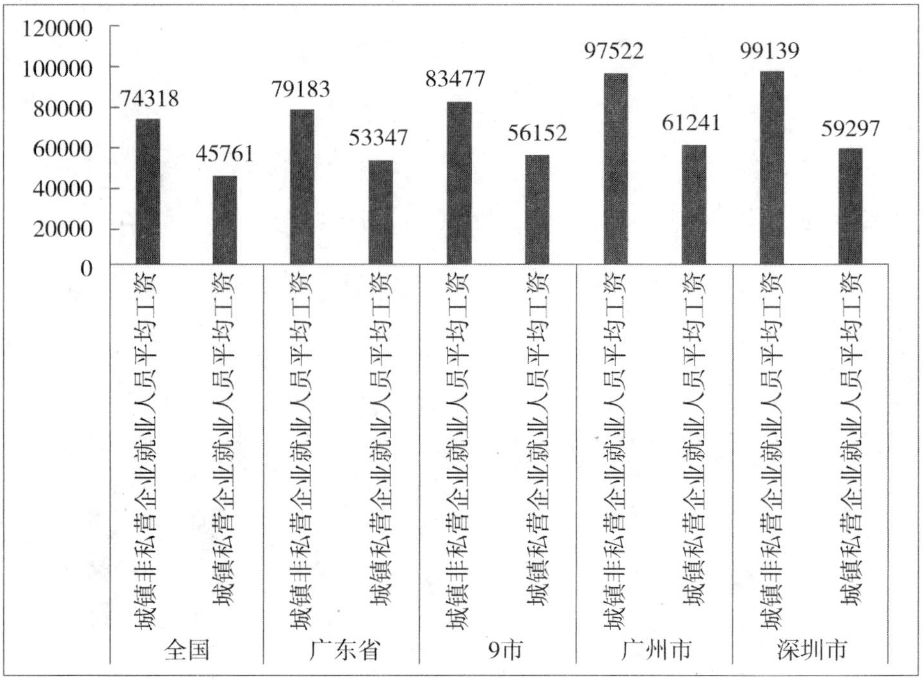

图6-7　2017年大湾区（广东片区）与部分地区工资水平对比图（单位：元/年）

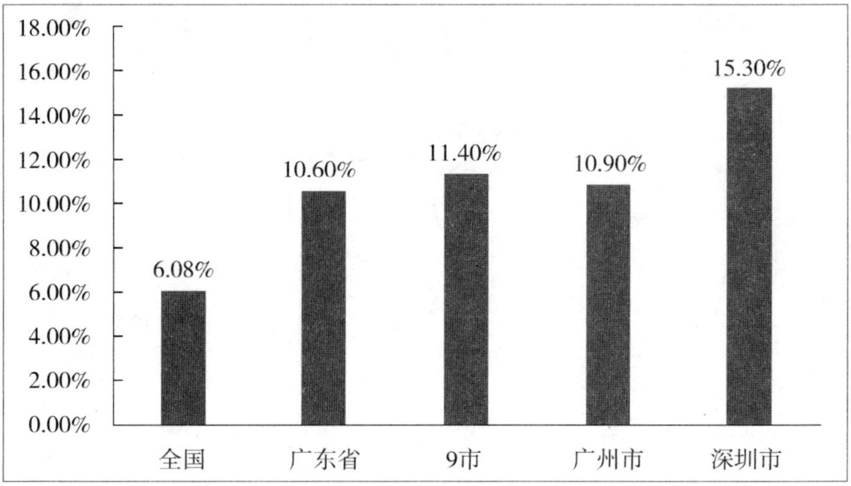

图6-8　2017年大湾区（广东片区）与部分地区城镇私营企业工资增幅对比图

5. 城市更新改造遭遇硬骨头，推进速度慢

以海珠区沥滘城中村改造为例，2011年，珠光集团启动沥滘村改造项目，经过7年的漫长谈判，2018年5月，沥滘村村民表决率终于超过80%，沥滘城中村改造进入动迁签约阶段。漫长的谈判体现了城中村改造的复杂性。推进速度慢的原因多样，以下3点值得关注。

一是部分地区控制性详细规划调整权限未下放到区级。以广州海珠区为例，调研发现，海珠区多数城中村所在区域无进行控制性详细规划调整权限，导致村社无法按照广州市新的城市发展战略与产业战略推进改造。控规调整是城中村改造进程的第一道关。控规调整不完成，后续所有工作无法开展。

二是城市更新改造成本太高。2018年第四季度，珠三角平均综合地价相较于全国主要城市高出88.46%，相较于长三角高出36.39%，比环渤海地区高出近42.17%。面对昂贵地价，城市更新改造压力大。

三是综合整治政策难以协调多方利益。相比高昂的房价，政府给予村民的拆迁补偿相对较少，村民自然不愿拆迁；综合整治过程中，道路施工等会影响附近商铺的正常营业，降低营业收入；如果综合整治顺利，附近租金必然上涨，租客的经营压力会增大。

6. 人才发展环境有待提升，人才吸引力参差不齐

大湾区内各城市人才吸引力参差不齐。根据中央驻澳门联络办公室等机构联合发布的《粤港澳大湾区人才竞争力指数报告》，肇庆、中山与江门等城市人才竞争力指数远远低于深圳、香港与广州等地。

基础教育阶段学位数整体不足，相关政策覆盖面狭窄，制约企业招工用工。广州部分企业反映，一般只有极小部分高层次人才有机

会享受政府提供的学位名额，由于无法解决子女教育问题，部分员工会选择返回家乡工作。

大湾区内工作和生活环境互动存在一定障碍，影响人才自由流动。一是港澳与内地执业标准不统一。以医疗人才为例，内地允许香港具有执业资格的医疗人才来内地短期执业。但去香港执业的内地医师需要重新考取香港有关资格。二是粤港澳三地医疗保障系统尚未统一，阻碍人才流动。一方面，内地城市之间的医疗服务尚未一体化，广东片区城市之间医疗服务相互割裂，城市之间的医保不通用。不同城市之间转移医保流程也十分复杂。另一方面，港澳与内地之间医疗保障系统不统一，近些年来，很多患者选择赴港澳医疗，但是香港与内地之间的医疗保障系统尚未实现一体化，患者无法实现异地医保报销，为大湾区一体化发展带来不便。

三、粤港澳大湾区营商环境中的知识产权机制

作为创新发展的刚需和国际贸易的标配，知识产权在粤港澳大湾区法治化营商环境的建设中意义非凡。为营造粤港澳大湾区优良的法治化营商环境，必须保障知识产权制度的运作顺畅。然而，由于粤港澳大湾区属于“一个国家、两种制度、三个法域”的格局，由此产生的知识产权挑战已成为粤港澳大湾区创新要素自由流通的阻力。粤港澳大湾区知识产权问题的实质是知识产权的地域性与湾区内的区域发展不平衡性，需要通过在湾区内构建知识产权政策互认机制、创意产业集聚机制、知识产权运营服务机制、知识产权保护联动机制等协调机制，通过不同法域之间的协调合作才能有效解决。

（一）粤港澳大湾区营商环境建设中的知识产权因素

1. 法治化营商环境的定义

营商环境是指影响企业从开办、运行到结束全过程活动之效率、质量的要素综合。营商环境有三种意义：营商环境等同于一国竞争力、营商环境即本国企业的经营环境、营商环境即投资环境。法治是营商环境建设评估中的重要组成部分。法治是现代国家治理的基本方式，实行法治是国家治理现代化的内在要求。法治化营商环境，指有关营商的法律法规健全完备，并得到有效实施的一套制度性安排。

2. 知识产权因素在法治化营商环境中的地位

国际上已通过一定的指标设置和指标推算对一国或一区域的法治发展水平进行评估，这些指标成为分析、评价该国或该区域投资水平和制度状况的重要做法。目前比较有影响力的营商环境评估指标有世界经济论坛的《全球竞争力报告》和《全球促进贸易报告》、美国国务院的《投资环境报告》、世界银行的《营商环境报告》等。我国于2013年在《中共中央关于全面深化改革若干重大问题的决定》中明确提出“建设法治化营商环境”，“建立公平开放透明的市场规则”，为推动法治建设，提出量化的指标要求。粤港等地探索通过编写营商环境的指标体系，定期发布营商环境评价报告。从世界上较有影响力的营商环境评估报告上看，狭义的营商环境在设置评估指标时，注重对“软环境”指标的评估，特别是与企业经营有关的法治环境的评估。其中，企业开办、纳税、获得金融、执行合同、财产保护、纠纷解决机制，以及知识产权保护，都是狭义营商环境评估关注的重要方面。

（二）粤港澳大湾区营商环境建设中的知识产权挑战

1. 跨法域的区际知识产权法律规范冲突明显

粤港澳大湾区包含中华法系、英美法系和大陆法系三种法源，适用不同的知识产权法律规范。尽管中国内地、香港地区和澳门地区都是WTO和TRIPS协议的缔约方，但是三大法域在知识产权规定方面却存在许多不一致之处，这就不可避免地带来现实和潜在的法律冲突。粤港澳大湾区的区际知识产权法律规范冲突，主要体现于知识产权的取得、利用、管理和保护四个环节。第一，从知识产权的取得环节上看，粤港澳在知识产权可授权主题及例外、授予条件、权利取得程序上存在较大差异，这使得在湾区某地区获得知识产权的知识产品，在湾区另一地区却无法获得相应的知识产权。这种制度性偏向会对知识产品的价值产生重大影响，也对知识产品在湾区内的跨境流通造成不便。第二，从知识产权的利用环节上看，粤港澳为知识产品的流转设定了不同的要求，这种利用制度的差异增加了知识产品的流转成本，也给湾区内的跨域并购增加了烦琐的程序要求和高额的并购费用。第三，从知识产权的管理环节上看，粤港澳的知识产权行政管理体制各不相同，过于分散的行政管理部门，加大了湾区内部知识产权合作的难度，而知识产权行政管理机构内在的偏向趋势也对知识产品的申请激励形成影响。第四，从知识产权的保护环节上看，粤港澳对知识产权的保护范围及解释、保护方式存在的不同之处，直接影响了知识产权侵权的认定及损害赔偿数额的计算。区际知识产权冲突带来知识产权创造、运用、管理、保护上的难题，必须探寻出合适的解决路径。

2. 区域知识产权创新能力不平衡

尽管粤港澳大湾区经济基础雄厚、产业体系较为完善、创新动能较强，但湾区内不同城市的知识产权综合能力发展却不平衡，知识产权发展的协同效应未能充分显现。据《粤港澳大湾区协同创新发展报告（2017）》发布的数据，从专利申请增量上看，粤港澳大湾区珠三角9市的专利申请量呈历年增长态势，湾区西岸增速超过80%，而港澳地区则保持相对稳定的态势。粤港澳大湾区内不同城市的知识产权发展水平也参差不齐，城市间专利申请量分布不均、相差悬殊。其中广州、深圳、佛山、东莞的专利申请量占湾区申请总量的80%以上，可见不同区域的科技创新能力差异之大。粤港澳大湾区要成为知识产权强国建设的先行地，需要进行合理的产业布局，带动湾区城市群知识产权综合能力的提升。

3. 区域知识产权运营服务水平有待提升

粤港澳大湾区国际高端创新要素的汇集能力较强，大湾区的PCT（《专利合作条约》）国际专利申请量连续多年居全国首位，湾区拥有华为、中兴、腾讯、比亚迪等一批具有国际竞争力的高新技术企业，科技进步贡献率在60%以上，科技支撑经济社会发展的作用日渐凸显。截至2017年10月，粤港澳大湾区专利产出累计237万件，有效专利98.3万件，知识产权产出量大，在知识产权运营上有巨大潜力。然而，粤港澳大湾区的知识产权运营水平仍处于发展阶段，虽然有中国（广东）知识产权保护中心、珠海横琴国际知识产权交易中心、中国（南方）知识产权运营中心等一系列运营平台，但这些平台远不能满足现有的知识产权产量，需要粤港澳三地进一步联手构建完善的知识产权运营机制。在知识产权服务方面，近年来，粤港澳大力发展知识产权服务业，打造了多个知识产权信息平台及运营中心。粤港澳大湾区集聚了较为丰富的知识产权服务以及信息数据资源，但缺乏统一的服务信息配置平台，在数据资源共享方面具有较大合作空间。尽管粤港澳对知识产权的咨询服务、代理服务等行业作出一定的互利开放，但在实践中这种服务的互通性还尚待提高，如在专利代理服务等方面。

（三）粤港澳大湾区营商环境建设中的知识产权机制构建

1. 知识产权协调机制的构建基础

随着知识产品区域市场与国际市场的形成，知识产权的地域性限制与知识产品国际化的矛盾日益突出：一方面，按照统一市场的要求，一旦商品投入市场，就应该在市场中自由流动；另一方面，依照知识产权地域性原则，权利人可以限制载有作品、技术或商标的商品进入另一个法域。知识产权的地域性在维持政策性取向、保留文化多元性的同时也保留了价格歧视，这种价格歧视不利于区域内部市场的构建，也引发了不同法域之间的区际知识产权法律冲突。粤港澳大湾区的区际知识产权冲突，属于单一制国家下区际法律冲突的一种特殊情况，具有新特点。一是粤港澳大湾区的区际知识产权冲突包含了不同社会制度法域之间的法律冲突。由于社会性质不同的区域的知识产权制度在法律概念、哲理等方面存在差异，其法律冲突与相同社会制度下的法律冲突相比更为尖锐。二是粤港澳大湾区的区际知识产权冲突包含不同法系之间的法律冲突。由于历史条件和法律传统的不同，不同法系的区域之间法律制度差别更大，冲突的范围更广。三是粤港澳大湾区内各法域均有各自的立法管辖权和司法系统，这使区际知识产权冲突的情况极为复杂。尽管粤港澳大湾区的区际知识产权冲突表现出不同于传统区际知识产权冲突的新特点，但其产生的根源仍在于知识产权的地域性。三法域的知识产权实体规范的差异，将带来法律或规定适用上的冲突。在现阶段，应立足粤港澳大湾区的区域合作基础，从局部构建知识产权协调合作机制入手，应对粤港澳大湾区的知识产权挑战。

粤港澳大湾区城市群已成为我国开放程度最高、经济活力最强的区域之一。从地理位置上看，粤港澳大湾区地处丝绸之路经济带和21世纪海上丝绸之路的交汇地带，对外贸易贡献显著；从发展定位上看，粤港澳大湾区的目标之一是在推动科技创新、实施创新驱动发展战略方面走在世界前列，其自主创新能力较强，并以世界科技前沿为方向，在关键核心技术领域不断取得突破；从合作基础上看，珠三角9市与港澳地区区域合作基础扎实。近年来，粤港保护知识产权合作专责小组和粤澳知识产权合作工作小组相继成立，泛珠三角区域知识产权合作机制也初步建成，粤港澳三地在知识产权跨境保护、人才培养、信息共享、研讨交流等领域开展合作，取得显著成效。而港澳地区与珠三角文化同源，民俗相近，区域认同感较强，具备知识产权协调机制构建和运行的现实基础。

2. 知识产权协调机制的实现方式

第一，粤港澳大湾区知识产权政策互认机制。政策互认是消除区际知识产权冲突、实现统一立法的重要途径。在粤港澳大湾区内构建知识产权政策互认机制，就是在“一国两制”的前提下，粤港澳共同建设知识产权政策协调点，政策协调点的主要功能在于协调知识产权实体法和程序法的相关规定和做法。知识产权的实体法协调就是对专利法、商标法和著作权法等知识产权立法中的一些关键概念进行互认统一。例如，商标使用是商标法上的核心概念，是商标存续与侵权可能性的判定因素之一。商标使用受知识产权地域性的影响，在认定时也不免打上地域性的烙印。在粤港澳大湾区内进行商标使用概念的互认，是指只要商标在其注册后的任意连续三年中，在粤港澳大湾区任一法域内的商业活动中公开、真实、合法地使用以标示商品或服务的来源，则可认定其进行了商标法意义上的使用。知识产权的程序法协调就是在国家知识产权局的指导下，湾区三法域通过专利、商标权利申请注册费用减免、知识产权执业资格开放等制度，加强大湾区城际间的知识产权交流合作，减少由于制度政策差异带来的矛盾。

第二，粤港澳大湾区创新产业集聚机制。知识产权运营，是知识力量与资本力量相结合的结果。为了提升粤港澳大湾区的知识产权综合能力，使大湾区成为引领中国版“工业4.0”的先行者，必须在大湾区内大力培育与发展知识产权密集型产业，形成粤港澳大湾区的创新产业集聚机制。“知识产权密集型产业”的概念来源于2012年美国《知识产权与美国经济：产业聚焦》的报告，指的是人均知识产权拥有量高于所有产业平均水平的产业。美国的知识产权密集型产业包括专利密集型产业、商标密集型产业和版权密集型产业。其中，专利密集型产业的选取依据为专利强度，计算方法是某产业专利总量除以该产业从业人数；商标密集型产业的选取综合了商标强度、商标注册量排名和注册随机抽样等3种计算方法；版权密集型产业则借鉴了世界知识产权组织“关于测量基于版权的产业的经济贡献”，即创造和生产版权相关产品的产业。欧盟专利局也于2013年发布了《知识产权密集型产业对欧盟经济和就业的贡献》，该报告模仿《知识产权与美国经济：产业聚焦》的认定方法，将知识产权密集型产业分为专利密集型产业、商标密集型产业、版权密集型产业、地理标记密集型产业和外观设计密集型产业。培育知识产权密集型产业可以有效化解产能过剩问题，推动制造业深度融入全球产业链、价值链和创新链，同时能够有效抵御外部冲击与经济增长的风险。

构建粤港澳大湾区创新产业集聚机制，核心在于在湾区内培育知识产权密集型产业及推动其知识产权实现价值转换，具体可以分为3个方面。一是实施产业知识产权布局工程。一方面，围绕新一代信息技术、高端装备制造、绿色低碳等战略性新兴产业和重点产业，深度开展专利导航工作，构建若干产业知识产权联盟；另一方面，运用知识产权导航创新发展质量评价成果，开展知识产权密集型产业统计监测，完善区域创新发展决策。二是实施产业知识产权质量提升工程。通过组建产学研高价值知识产权育成中心，支持各类创新中心创造高质量知识产品，建设知识产权导航项目研究与推广（产业）中心；同时，通过实施大湾区知识产权导航创新发展质量评价，推动知识产权资源与大湾区科技创新和产业发展相匹配。三是实现产业知识产权培育的协同管理。通过研究制定培育发展知识产权密集型产业的政策文件、编制知识产权密集型产业目录、开展知识产权密集型产业对经济贡献度试点、建立知识产权研发资助政策备案制度，多方面支持粤港澳大湾区高价值知识产品的培育工作。

第三，粤港澳大湾区知识产权运营服务机制。知识产权服务，作为国家服务业的三大组成部分之一，既包括对专利、商标、作品、软件、集成电路布图设计等知识产品的咨询、检索、代理等基础服务，又包括对其评估、鉴定、金融等增值服务。粤港澳大湾区应通过构建完善的知识产权运营服务机制，打造知识产权高端专业服务的中心区。在基础服务方面，要推动粤港澳大湾区知识产权的交易资源共享，优化知识产权信息服务和代理服务。在交易资源共享上，珠三角和港澳地区三法域应发挥区位和功能优势，建设大湾区知识产权服务资源共享平台，提供信息数据、人才资源等支持，共建共享知识产权服务支撑资源。同时应充分发挥既有粤港澳优质知识产权交易机构的作用，建设国家级粤港澳知识产权运营平台和知识产权商用化联盟，提升三法域间科研成果转化水平和效率，打造全球性的知识产权交易中心。在信息服务上，在搭建知识产权大数据体系的基础上，通过建立高校图书馆知识产权信息服务中心实现数据共享。同时，通过构筑知识产权信息专题，向湾区内的企业提供知识产权推送服务。在代理服务上，加快推进专利等知识产权代理行业服务规范化建设，建立常态化的知识产权代理人实务技能培训、评价制度，培育一批能服务粤港澳大湾区并具有社会影响力的品牌知识产权代理机构。

在增值服务方面，应推动知识产权金融创新，建构粤港澳大湾区知识产权金融服务体系。首先，粤港澳大湾区拥有广州、深圳和香港三大金融中心，以及港交所和深交所两大证券交易所，汇聚全球众多的银行、保险、证券、风投基金等跨国金融巨头。粤港澳大湾区应充分借助湾区内金融中心的优势，吸引风投基金、中介机构、创业企业进驻湾区，共建“科技+金融”生态系统。其次，大湾区应依托国家知识产权运营横琴金融与国际特色试点平台，探索建立粤港澳大湾区知识产权金融合作平台，发挥政府运营平台在知识产权促进实际经济发展中的功能和作用。引导知识产权服务机构、金融机构、保险机构与创新主体联合开展知识产权金融模式创新。再次，粤港澳大湾区可依托香港金融中心的优势，探索开展知识产权证券化试点。通过完善知识产权质押融资风险补偿机制，支持重点企业核心专利运用转化，并借鉴香港金融发展的国际化经验，实现与国际金融体系接轨，为湾区创业企业提供资金支持。

第四，粤港澳大湾区知识产权保护联动机制。知识产权保护，关乎现代知识产权治理体系的建设。粤港澳大湾区珠三角与港澳地区的知识产权保护途径的不同使湾区的知识产权保护对接存在障碍。例如，我国确立了知识产权司法保护和行政保护“两条途径、并行运作”的基本理念：知识产权侵权纠纷可以通过司法途径解决，而当侵犯知识产权的行为严重危害公共利益时，相关知识产权管理部门可以介入纠纷进行行政执法，从而维护公平的竞争市场秩序。“双轨制”知识产权保护的制度性安排，承担了严格保护知识产权的使命与功能。而在香港，知识产权侵权只能通过司法途径以禁令、损害赔偿等方式获得救济，香港海关仅负责香港地区的版权与商标侵权活动的刑事调查与检控。粤港澳大湾区三法域保护机制的差异，给跨域的知识产权执法带来一定的困难。

粤港澳大湾区的知识产权保护联动机制，是在依托粤港、粤澳及泛珠三角区域知识产权合作的基础上，强化知识产权保护跨境执法协作，共建知识产权海外维权援助机构和涉外应对机制，实现粤港澳大湾区内区际知识产权保护的有效联动，以一流水平、最高标准打造知识产权保护高地。在实践中，广东海关与香港海关、澳门海关长期保持密切的知识产权保护合作关系，常态化开展情报交流、信息通报和联合执法行动，有效遏制了粤港、粤澳的进出口侵权违法活动。粤港澳海关仍应强化跨境侵权情报交流的合作机制，开展针对重点口岸、重点领域的联合执法行动。同时，在粤港、粤澳知识产权执法和案件协作处理机制下，建立知识产权边境和刑事保护合作机制，加强知识产权执法及跨境案件协作处理合作。

推动粤港澳大湾区创新共同体建设需要直面的问题是，粤港澳实行不同的社会制度、采用不同的法律体系，且城市间、地区间的发展不平衡，诉求、利益也不尽相同。如果不能在协调机制上寻求创新突破，那么大湾区的知识产权合作建设就不能产生化学反应。在现行法框架下，以粤港澳大湾区法治化营商环境建设中的知识产权障碍为导向，探索在互利措施和互认、执法合作等层面形成最大公约数，是促进粤港澳大湾区知识产权综合联动、实现大湾区国际科技创新中心定位的重要举措。

第七章 粤港澳大湾区发展路径分析

一、粤港澳大湾区的国家定位与作用

粤港澳大湾区在国家战略布局中具有独特的地位和优势，是国家区域发展战略新布局的重要组成部分。依托区位、经济、制度等优势，粤港澳大湾区有望充分发挥其集聚效应，推动国家整体转型发展，培育经济新动能，进一步提高国家对外开放水平，成为中国引领新一轮经济全球化格局的中坚力量。（表7-1）

表7-1 粤港澳大湾区的国家定位与作用

定位	作用
国家区域发展战略的新布局	“一带一路”、亚投行、京津冀协同发展、长江经济带、粤港澳大湾区整体布局。探索构建高标准贸易投资规则，建立与国际接轨的开放型经济新体制，为“一带一路”、双向开放和参与全球治理提供支撑。有利于形成北有京津冀一体化、中有长江经济带、南有粤港澳大湾区的区域经济发展新格局，为打造中国经济升级版提供有力支撑
国家整体转型发展的新动力	随着技术模仿空间缩小和改革红利逐渐减弱，近年来中国全要素生产率增速持续下降，亟须探索通过科技创新、产业升级，向国际价值链高端攀升，培育新经济动能。湾区可成为推进“中国制造2025”，成为培育国家整体转型新动力的范本，构建开放型经济新体制，成为“21世纪海上丝绸之路”的重要支撑区域。强化全球资源配置能力，成为新经济发展策源地，为全国推进供给侧结构性改革提供支撑

续表

定位	作用
国家对外开放的新门户	中国入世之后，通过大规模“引进来”，参与全球价值链分工，成为全球化的受益者。目前中间品、知识、技术、资本、人员、服务等在全球范围内的流动和优化组合，对市场规则的一致性以及国际标准的兼容性提出了更高要求。进一步提高对外开放水平，成为国家推动经济全球化的中坚力量
世界级城市群和经济增长新引擎	充分发挥湾区在经济、人口、科技、产业等领域的集聚优势，对标以纽约、伦敦、东京为中心的世界级城市群，探索新型城镇化机制，带动区域协同发展，成为全球区域竞争的重要支点
“一国两制”成功实践的新动力	近年来香港经济增长放缓，贫富差距拉大，阶层流动性趋弱等社会问题有所加剧，影响到香港社会稳定和人心回归的大局，将香港自由经济和法治社会的制度优势转化为竞争优势。探索“一国两制”框架下区域合作新机制，充分发挥港澳独特优势，促进内地与港澳深度合作，拓展港澳发展新空间

目前，我国以“一带一路”倡议和亚投行的运营开启了引领新一轮经济全球化的格局，此时点所提出的《粤港澳大湾区发展规划纲要》，目标就是要对标世界三大一流湾区，努力将粤港澳大湾区打造成世界级城市群和世界经济核心地带。我们认为，在经济全球化的新格局中，中国有望将粤港澳大湾区与“一带一路”倡议和亚投行运营一同纳入长远考虑和布局。

二、粤港澳大湾区发展的优势

粤港澳大湾区本身便具有多方面的优势和良好的基础，对标世界三大湾区是自然而然的战略目标。（表7-2）

表7-2 粤港澳大湾区主要优势

优势	具体表现
区位优势	拥有世界上最大的海港群、空港群以及高速、轨道系统等快速交通网络，有泛珠三角区域作为粤港澳大湾区的重要腹地，是世界物流量最大区域，是太平洋和印度洋航运要冲，是东南亚乃至世界的重要交通枢纽，是丝绸之路经济带和21世纪海上丝绸之路的交汇点，是我国与海丝沿线国家海上往来距离最近的经济发达区域
产业优势	航运业发达，拥有全球最繁忙的港口群和机场群，客货运量都位居全球前列，是国家开放格局中的重要门户。大湾区产业结构以先进制造业和现代服务业为主。港澳地区现代服务业占主导，珠三角9市产业体系比较完备，制造业基础雄厚，是“世界工厂”，且正在向先进制造业升级，产品科技含量不断提升，高端服务业发展较快，已形成先进制造业和现代服务业双轮驱动的产业体系
国际化	拥有具世界竞争力的生产要素和产业集群，已经发展成为具有全球影响力的商品和服务供应链。既有中低端生产要素、基于全球分工、支持跨国公司运营的加工贸易基地，又有高端生产要素、基于自主创新的全国科技产业创新与技术研发平台；是世界闻名的产品供应基地，也是亚太区首屈一指的现代服务业中心，具有相当的国际竞争力
市场化	珠三角9市一直是全国市场导向改革的先行者和试验田，是内地市场意识相对较强和市场体系较完备的地区，而港澳两个特别行政区则是世界公认的市场经济制度和自由经济体
开放经济	2016年粤港澳大湾区出口占地区生产总值比重高达75%，是全国平均水平的3.8倍，进出口贸易总额高达1.89万亿美元，在全球湾区中独占鳌头。广东外向型经济特征突出，2016年进出口总额和实际利用外资分别占全国的26%和21%，港澳则是开放经济体。此外，香港吸引了大量全球跨国公司区域总部及海外金融机构，使得粤港澳大湾区形成了开放型国际网络
制度优势	粤港澳大湾区目前是“一国、两制、三关税区”的多元制度格局。“一国两制”是粤港澳大湾区发展的最大制度优势。只要国家在政策层面进行适度调整，双重优势便可极大地促进粤港澳大湾区发展

续表

优势	具体表现
创新能力	国家级高新技术企业总数超过1.89万家，居全国第一位，PCT国际专利申请量占全国56%，深圳市R&D（科学研究和试验发展）比重超过4%，有华为、腾讯等世界级创新企业

粤港澳大湾区地理位置优越，拥有世界上最大的海港群和空港群；经济活力强，2016年地区生产总值约1.36万亿美元，占全国比重的12%；对外开放程度高，9个珠三角城市利用外资额占全国总额的20%。此外，创新能力是能否成为顶级湾区经济体的关键，粤港澳大湾区创新能力突出。在《2017年全球创新指数》报告中，深圳—香港作为“创新集群”排名世界第二，科技创新领军企业众多，包括华为、腾讯、中兴、万科、格力、顺丰、大疆等。在这种基础上，国家再赋予其一定的改革探索空间，鼓励区域经济一体化，就可以更好地发挥区域优势，市场力量主导，行政力量辅助。具体来看，粤港澳大湾区有以下优势：

1. 雄厚的经济基础，稳定的发展增速

首先，粤港澳大湾区体量庞大，经济基础坚实。其总面积为5.65万平方千米，仅占全国国土面积的0.58%。截至2016年，当地人口总计6794万人，仅为全国总人口数的5.1%。但2016年，该区域创造了地区生产总值9.3万亿元人民币，在人均地区生产总值（14.65万元人民币）和经济密度（1.778亿元人民币）方面远超国内平均水平（人均地区生产总值5.76万元人民币和经济密度0.086亿元人民币），即使相较于国内一线城市也具有相当大的优势。涵盖地区生产总值万亿级别城市达到3个，分别是深圳（2.2万亿元人民币）、广州（2.15万

亿元人民币），和香港（2.12万亿元人民币）。其次，2017年大湾区地区生产总值较2016年上升7.1%，基本保持了以往的高速增长。尤其第三产业，发展增速极为突出，表现了持续的产业升级。（图7-1）

此外，根据政府制定的2018年经济增长目标，并将各地经济体量占比作为权重，预计2019年地区生产总值增速将保持7.0%左右，可见未来发展势头依然稳定而强劲，很有可能凭借巨大的经济体量优势和发展空间，超越日本的东京大湾区，成为在亚洲乃至全球最大的湾区城市群。

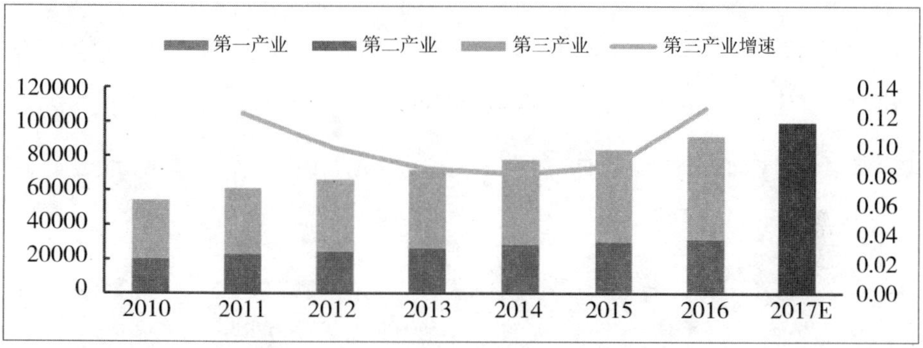

图7-1 粤港澳大湾区地区生产总值（单位：亿元人民币）

2. 交通网络逐步完善，地理位置得天独厚

在上一个五年计划（2010至2015年）当中，大湾区内交通网络发展迅猛，陆续建成了大广高速公路、乐广高速公路、广深港高铁、厦深铁路、贵广铁路、南广铁路等一批国家大通道。全面实现“县县通高速公路、市市通铁路”，实现与各陆路相邻省（区）分别有3条以上高速公路通道和1条以上铁路通道，初步形成城市互联，区域融合的态势。

轨道交通方面，高速铁路高速发展，城际铁路起步腾飞。2015年广东省内城市轨道交通里程达452千米，较2010年增加151千米，年复合增长率为8.5%；高速铁路里程达到1360千米，较2010年增长1046千米，年复合增长率为34%；城际铁路里程也从无到有，达到145千米。

公路方面，高速公路里程稳步推进。2015年，广东省公路里程突破20万千米。其中高速公路通车里程达7018千米，居全国首位，较2010年增加2179千米，年复合增长率为7.7%。

机场方面，民航运输网络通达性进一步提高。2010至2015年，广州白云机场第三跑道建设、揭阳潮汕机场建设、深圳宝安机场扩建、惠州机场军民合用改扩建以及湛江机场、梅县机场改扩建工程等一批项目完工投产，全省民用机场共开通航线530条，其中国内航线370条、国际航线160条，初步形成覆盖国内主要城市、通达五大洲重要城市的航线网络。

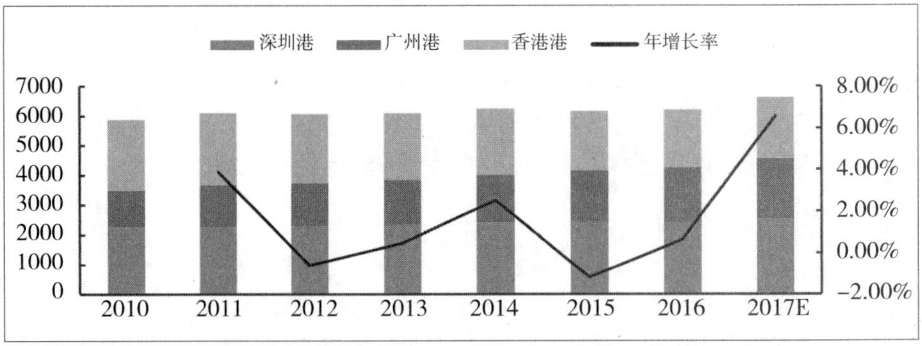

图7-2　深圳港、广州港、香港港集装箱年吞吐量（万TEU）

航港方面，“窗口”位置特有优势突出，具备天然港口和发达的对外贸易。粤港澳大湾区河网密布，港口云集，珠江通航能力仅次于长江，居全国第二位，自古以来便是我国南部内外贸易沟通的重要枢纽，与海上丝绸之路的沿线国家与地区均有着密切的海上往

来。大湾区共拥有3个吞吐量位居世界前十的集装箱港口（深圳港、香港港和广州港），亿吨大港达到6个。（图7-2）

3. 产业持续优化升级，构建“中国硅谷”模式

粤港澳地区作为我国改革开放和创新发展的前沿阵地，拥有国内顶尖的创新型科技企业和世界一流的研究型大学，近年来产业布局继续升级，着力打造科技创造新生态。依托于广州的商贸金融、深圳的科技金融、香港的国际金融平台，大湾区注重鼓励区域内的创新氛围，以深圳为科技创新核心城市，培养湾区的科技创新能力。2010至2015年，广东省先进制造业高新技术企业从3200家增至7800家，先进制造业发明专利授权量从1.12万件增至1.8万件。同时，“十二五”期间新增国家级企业技术中心24家，总数达87家，涌现了华为、中兴、光启、大疆、柔宇等具有国际影响力的创新型先进制造业企业，在信息通信、超材料、无人机、高性能计算机等领域核心技术的自主创新能力位居世界前列。（图7-3、图7-4）

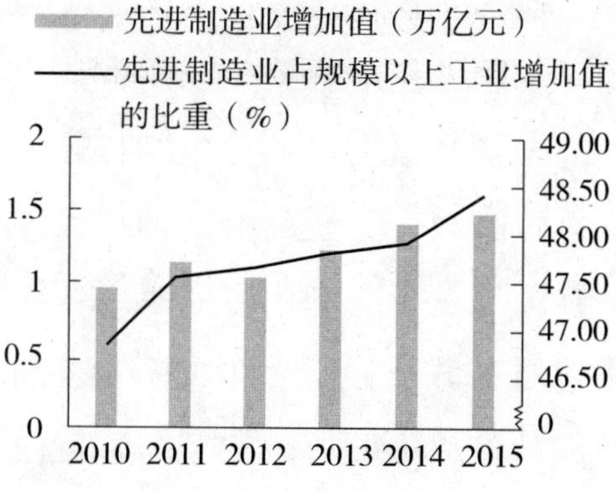

图7-3　2010至2015年广东省先进制造业规模

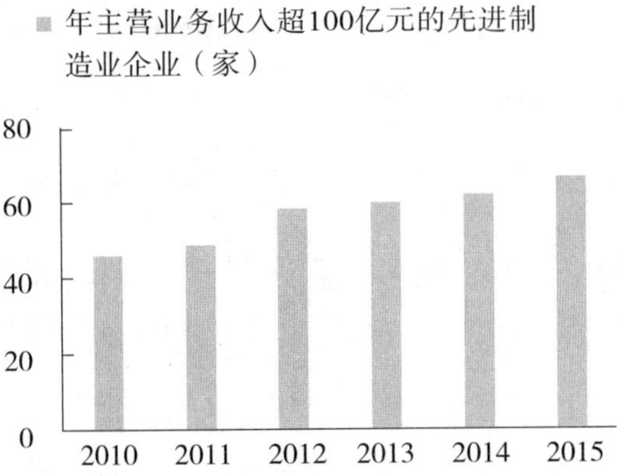

图7-4　广东省先进制造业企业数量

4. 地方政策保驾护航，产业布局初具互补态势

目前，粤港澳大湾区各个城市之间已经初步形成产业布局上的分工和优势互补。广州产业结构全能，制造业尤其突出，金融、商贸等服务型产业也很发达，而且具备交通枢纽的功能；深圳以金融、高新技术产业为核心；佛山、东莞的制造业基础突出；惠州的石化产业是地方经济支柱；此次纳入湾区版图的香港特别行政区和澳门特别行政区一旦抓住这次一体化机会，不仅能解决自身产业结构不完善和劳动力不足等问题，还能弥补珠三角地区金融与服务业的缺陷，提升整个湾区的国际竞争力。2017年7月1日，国家发展和改革委员会、香港特别行政区政府、澳门特别行政区政府、广东省政府在香港协商一致，共同签署了《深化粤港澳合作　推进大湾区建设框架协议》，提出了对各城市分工合作，产业布局的进一步构想。粤港澳大湾区具备成为世界一流湾区的实力，若通过进一步的引导发展，“9+2”模式必将发挥出巨大的协同效应，从而打造出一个完整的、层次丰富的、产业协同的湾区共同体。（表7-3）

表7-3 粤港澳大湾区城市群定位

城市	发展定位	产业布局
香港	全球金融中心	金融服务、贸易物流、科技服务、旅游业
澳门	全球最大博彩业基地	博彩旅游、出口加工、建筑地产、金融服务
广州	国际产业服务中心	贸易物流、汽车制造、纺织服装、造船
深圳	国际科技创新中心	IT服务、电子信息、生物医药、新能源
东莞	国际产业制造中心	电子信息、电气机械、纺织服装
惠州	世界级石化产业基地	石化产业、电子信息、汽车产业
佛山	国际产业制造中心	电气机械制造、陶瓷制造、金属加工
珠海	国际重大装备制造中心	电子信息、机械制造、家电电气
中山	国家级先进制造基地	装备制造、生物医药、五金家电
江门	国家级先进制造基地	轨道交通、海洋装备、现代农业
肇庆	传统产业转型升级聚集区	机械制造、林产化工、现代农业

资料来源：广东省发改委。

三、粤港澳大湾区发展的挑战

目前粤港澳大湾区已有合作基础，但要达成建设目标与战略价值的一致仍面临诸多挑战。需要在两种制度、三个关税区、三个法律体系的异质城市群内，按照湾区经济和城市群的发展规律，来进行跨境合作与治理。这对粤港澳及中央政府都是一个新挑战，需要创新管理模式，需要在政策上有新突破。

1. 经济增长内生动力有待增强

当前，世界经济不确定不稳定因素增多，保护主义倾向抬头，大湾区经济运行仍存在产能过剩、供给与需求结构不平衡不匹配等突出矛盾和问题，经济增长内生动力有待增强。过去几年，粤港澳三地经济建设取得了举世瞩目的成就，但也存在产业结构、区域结构、要素投入、排放结构、经济增长动力结构和收入分配结构等方面的问题。解决湾区经济的深层次问题必须依靠供给侧结构性改革。当前，粤港澳大湾区产能过剩的矛盾突出，供给与需求之间不匹配、不平衡、不协调，核心表现在供给不能适应需求结构变化的调整。只有化解产能过剩问题，才能为优化供给结构腾挪空间；只有降低企业成本，才能让企业轻装上阵、激发活力；只有化解房地产库存，才能稳定房地产市场；只有扩大有效供给，才能提高投资有效性和精准性。

2. 市场互联互通水平有待进一步提升

在“一国两制”下，粤港澳社会制度不同，法律制度不同，分属于不同关税区域，市场互联互通水平有待进一步提升，生产要素高效便捷流动的良好局面尚未形成。市场优化资源配置的前提和基础，是市场的互联互通以及要素的自由流通。目前在交通基建硬件方面，粤港澳大湾区的联通改善明显，随着港珠澳大桥的开通，大湾区基建方面的互联互通将逐步完善。但在软环境上，粤港澳大湾区的经济融合要面对一系列客观条件的限制。港澳与广东经济制度不同、法律相异，又分属3个不同的经济体和关税区，致使区内人员、资金、货物及信息等要素在三地间并不能自由流通，存在边界管理。此外，三地的关税水准、资金流通制度、投资开放程度、对外经济政策亦有实质性的区别。由于广东并非一个独立经济体，与外界的经济整合受制于全国的开放水准和对外经济政策。这意味着在“一国两制”框架下，粤港澳大湾区的经济整合只能是有限度的整合，内地对外关税水准、要素流通开放程度和管理制度，无法在短期内与港澳一致。未来如何突破，这既取决于内地的开放深度和速度，也取决于大湾区制度创新与跨境管理模式上的突破。例如：加强通关便利化设施建设、优化调整粤港澳人员的签注政策、放宽科研资金的跨境使用限制、便利科研试验设备及材料的跨境通关等。

3. 粤港澳大湾区还存在资源错配现象

大湾区内部发展差距依然较大，协同性、包容性有待加强，部分地区和领域还存在同质化竞争和资源错配现象。比如，香港经济增长缺乏持续稳固支撑，澳门经济结构相对单一、发展资源有限，珠三角9市市场经济体制有待完善。需要协调与平衡区域内经济发展、基本建设、社会发展和环保教育的要求，需要突破现行的管理制度与法律法规，在香港还需要消弭政治因素的人为阻挠。粤港澳三地属于不同关税区域，经济制度、法律体系和行政体系存在差异，各类要素还难以完全自由流动，一些领域还存在同质化竞争和资源错配现象，这些难题亟待破解。同时，粤港澳大湾区合作可能陷入“制度困境”——香港与澳门属于独立关税区，粤港澳大湾区整个区域不可能构建一个相同制度的特别区域，珠三角部分也不可能是“独立关税区”，任何经济合作都是在“中国内地关税区”名义的基础上展开。因此，必须克服这一“制度困境”，降低规则和制度的摩擦成本，提高粤港澳大湾区资源及要素的配置效率。因此，政府、智库与社会共同研讨、宣传、交流大湾区发展蓝图，凝聚共识，将有助于粤港澳三地政府形成并落实大湾区建设的总体目标及重点。

4. 生态环境资源趋紧，红利减退

区域发展空间面临瓶颈制约，资源能源约束趋紧，生态环境压力日益增大，人口红利逐步减退。需要大力发展绿色低碳能源，加快天然气和可再生能源利用，有序开发风能资源，因地制宜发展太阳能光伏发电、生物质能利用转化，安全高效发展核电，大力推进煤炭清洁高效利用，控制煤炭消费总量，不断提高清洁能源比重。完善水利基础设施，坚持节水优先，大力推进雨洪资源利用等节约水、涵养水的工程建设，实施最严格水资源管理制度，加快制定珠江水量调度条例，严格珠江水资源统一调度管理。加快推进珠三角水资源配置工程和对澳门第四供水管道建设，加强饮用水水源地和备用水源安全保障达标建设及环境风险防控工程建设，保障珠三角以及港澳供水安全。加强粤港澳水科技、水资源合作交流。加强珠江河口综合治理与保护，推进珠江三角洲河湖系统治理。

四、粤港澳大湾区发展路径选择

1. 粤港澳大湾区空间布局

大湾区要坚持极点带动、轴带支撑、辐射周边，推动大中小城市合理分工、功能互补，进一步提高区域发展协调性，促进城乡融合发展，构建结构科学、集约高效的大湾区发展格局。发挥香港—深圳、广州—佛山、澳门—珠海强强联合的引领带动作用，深化港深、澳珠合作，加快广佛同城化建设，提升整体实力和全球影响力，引领粤港澳大湾区深度参与国际合作。

利用轴带支撑，依托以高速铁路、城际铁路和高等级公路为主体的快速交通网络与港口群和机场群，构建区域经济发展轴带，形成主要城市间高效连接的网络化空间格局。更好发挥港珠澳大桥作用，加快建设深中通道、深茂铁路等重要交通设施，提高珠江西岸地区发展水平，促进东西两岸协同发展。

完善城市群和城镇发展体系，优化提升中心城市，以香港、澳门、广州、深圳四大中心城市为区域发展的核心引擎，继续发挥比较优势做优做强，增强对周边区域发展的辐射带动作用。

注重四大中心城市的功能定位。香港要巩固和提升国际金融、航运、贸易中心和国际航空枢纽地位，强化全球离岸人民币业务枢纽地位、国际资产管理中心及风险管理中心功能，推动金融、商贸、物流、专业服务等向高端高增值方向发展，大力发展创新及科技事业，培育新兴产业，建设亚太区国际法律及争议解决服务中心，打造更具竞争力的国际大都会。澳门要建设世界旅游休闲中心、中国与葡语国家商贸合作服务平台，促进经济适度多元发展，打造以中华文化为主流、多元文化共存的交流合作基地。广州要充分发挥国家中心城市和综合性门户城市引领作用，全面增强国际商贸中心、综合交通枢纽功能，培育提升科技教育文化中心功能，着力建设国际大都市。深圳要发挥作为经济特区、全国性经济中心城市和国家创新型城市的引领作用，加快建成现代化国际化城市，努力成为具有世界影响力的创新创意之都。

2. 实施创新驱动发展战略

深入实施创新驱动发展战略，深化粤港澳创新合作，构建开放型融合发展的区域协同创新共同体，集聚国际创新资源，优化创新制度和政策环境，着力提升科技成果转化能力，建设全球科技创新高地和新兴产业重要策源地。到2022年，粤港澳大湾区综合实力显著增强，粤港澳合作更加深入广泛，区域内生发展动力进一步提升，发展活力充沛、创新能力突出、产业结构优化、要素流动顺畅、生态环境优美的国际一流湾区和世界级城市群框架基本形成。到2035年，大湾区形成以创新为主要支撑的经济体系和发展模式，经济实力、科技实力大幅跃升，国际竞争力、影响力进一步增强；大湾区内市场高水平互联互通基本实现，各类资源要素高效便捷流动；区域发展协调性显著增强，对周边地区的引领带动能力进一步提升；人民生活更加富裕；社会文明程度达到新高度，文化软实力显著增强，中华文化影响更加广泛深入，多元文化进一步交流融合；资源节约集约利用水平显著提高，生态环境得到有效保护，宜居宜业宜游的国际一流湾区全面建成。

粤港澳大湾区内创新要素集聚。创新驱动发展战略深入实施，广东全面创新改革试验稳步推进，国家自主创新示范区加快建设。粤港澳三地科技研发、转化能力突出，拥有一批在全国乃至全球具有重要影响力的高校、科研院所、高新技术企业和国家大科学工程，创新要素吸引力强，具备建设国际科技创新中心的良好基础。要将大湾区建设为国际科技创新中心、构建开放型区域协同创新共同体、打造高水平科技创新载体和平台。瞄准世界科技和产业发展前沿，加强创新平台建设，大力发展新技术、新产业、新业态、新模式，加快形成以创新为主要动力和支撑的经济体系；扎实推进全面创新改革试验，充分发挥粤港澳科技研发与产业创新优势，破除影响创新要素自由流动的瓶颈和制约，进一步激发各类创新主体活力，建成全球科技创新高地和新兴产业重要策源地。

3. 重点培育战略性新兴产业

培育壮大战略性新兴产业，依托香港、澳门、广州、深圳等中心城市的科研资源优势和高新技术产业基础，充分发挥国家级新区、国家自主创新示范区、国家高新区等高端要素集聚平台作用，联合打造一批产业链条完善、辐射带动力强、具有国际竞争力的战略性新兴产业集群，增强经济发展新动能。推动新一代信息技术、生物技术、高端装备制造、新材料等发展壮大为新支柱产业，在新型显示、5G和移动互联网、蛋白类等生物医药、高端医学诊疗设备、基因检测、现代中药、智能机器人、3D打印、北斗卫星应用等重点领域培育一批重大产业项目。

围绕信息消费、新型健康技术、海洋工程装备、高技术服务业、高性能集成电路等重点领域及其关键环节，实施一批战略性新兴产业重大工程。培育壮大新能源、节能环保、新能源汽车等产业，形成以节能环保技术研发和总部基地为核心的产业集聚带。同时发挥龙头企业带动作用，积极发展数字经济和共享经济，促进经济转型升级和社会发展。促进地区间动漫游戏、网络文化、数字文化装备、数字艺术展示等数字创意产业合作，推动数字创意在会展、电子商务、医疗卫生、教育服务、旅游休闲等领域应用。

4. 创建高效的基础设施网络

加强粤港澳大湾区内基础设施建设，畅通对外联系通道，提升内部联通水平，推动形成布局合理、功能完善、衔接顺畅、运作高效的基础设施网络，为粤港澳大湾区经济社会发展提供有力支撑。构建现代化的综合交通运输体系，在港口、空港和公路铁路等交通基础设施上加强互联互通，打造“1小时生活圈”。

港口：提升珠三角港口群国际竞争力。巩固提升香港国际航运中心地位，支持香港发展船舶管理及租赁、船舶融资、海事保险、海事法律及争议解决等高端航运服务业，并为内地和澳门企业提供服务。增强广州、深圳国际航运综合服务功能，进一步提升港口、航道等基础设施服务能力，与香港形成优势互补、互惠共赢的港口、航运、物流和配套服务体系，增强港口群整体国际竞争力。

空港：建设世界级机场群。巩固提升香港国际航空枢纽地位，强化航空管理培训中心功能，提升广州和深圳机场国际枢纽竞争力，增强澳门、珠海等机场功能，推进大湾区机场错位发展和良性互动。支持香港机场第三跑道建设和澳门机场改扩建，实施广州、深圳等机场改扩建。

公路铁路：打造“1小时生活圈”，构筑大湾区快速交通网络。以连通内地与港澳以及珠江口东西两岸为重点，构建以高速铁路、城际铁路和高等级公路为主体的城际快速交通网络，力争实现大湾区主要城市间1小时通达。编制粤港澳大湾区城际（铁路）建设规划，完善大湾区铁路骨干网络，加快城际铁路建设，有序规划珠三角主要城市的城市轨道交通项目。

5. 推进金融市场互联互通

有序推进金融市场互联互通，扩大香港与内地居民和机构进行跨境投资的空间，稳步扩大两地居民投资对方金融产品的渠道。在依法合规前提下，有序推动大湾区内基金、保险等金融产品跨境交易，不断丰富投资产品类别和投资渠道，建立资金和产品互通机制。

发挥香港在金融领域的引领带动作用，巩固和提升香港国际金融中心地位，打造服务“一带一路”建设的投融资平台。支持广州完善现代金融服务体系，建设区域性私募股权交易市场，建设产权、大宗商品区域交易中心，提升国际化水平。支持深圳依规发展以深圳证券交易所为核心的资本市场，加快推进金融开放创新。支持澳门打造中国－葡语国家金融服务平台，建立出口信用保险制度，建设成为葡语国家人民币清算中心，发挥中葡基金总部落户澳门的优势，承接中国与葡语国家金融合作服务。研究探索建设澳门－珠海跨境金融合作示范区。支持香港打造大湾区绿色金融中心，建设国际认可的绿色债券认证机构。支持广州建设绿色金融改革创新试验区，研究设立以碳排放为首个品种的创新型期货交易所。支持澳门发展租赁等特色金融业务，探索与邻近地区错位发展，研究在澳门建立以人民币计价结算的证券市场、绿色金融平台、中葡金融服务平台。支持深圳建设保险创新发展试验区，推进深港金融市场互联互通和深澳特色金融合作，开展科技金融试点，加强金融科技载体建设。在符合法律法规及监管要求的前提下，支持粤港澳保险机构合作开发创新型跨境机动车保险和跨境医疗保险产品，为跨境保险客户提供便利化承保、查勘、理赔等服务。

建立粤港澳大湾区金融监管协调沟通机制，加强跨境金融机构监管和资金流动监测分析合作，完善粤港澳反洗钱、反恐怖融资、反逃税监管合作和信息交流机制。建立和完善系统性风险预警、防范和化解体系，共同维护金融系统安全。打造广州南沙粤港澳全面合作示范区，建设金融服务重要平台，强化金融服务实体经济的本源，着力发展航运金融、科技金融、飞机船舶租赁等特色金融。支持与港澳金融机构合作，按规定共同发展离岸金融业务，探索建设国际航运保险等创新型保险要素交易平台。

五、粤港澳大湾区建设的具体影响

1. 总体规划让澳门更具吸引力、更加多元化

在粤港澳大湾区“九市二区”中，澳门被定位为湾区娱乐与旅游中心。这不仅意味着澳门将进一步推动娱乐产业的多元化发展，同时也意味着政府将进一步支持基础设施建设以加强互联互通。无论是横向对比香港特区还是广东省内主要地级市，澳门过去长期依赖博彩业的单一经济结构缺乏韧性。而这一情况将随着粤港澳大湾区的融合彻底改变，随着未来基础设施建设的推动，澳门和珠海甚至广东省整体的联通性逐渐加强，特色旅游、餐饮、会展服务业的多元化格局将逐步实现，成为澳门当地经济发展的新引擎，因此澳门将极大地受益于大湾区在交通、经济、文化、人才等多方面的融合进程。

中国政府于2008年开启珠三角发展规划，后纳入大湾区建设版图，由此奠定了澳门未来数十年的发展愿景。虽然澳门将受益于粤港澳之间更密切的合作，但大湾区的重要意义在于中国政府对澳门更宏伟的愿景。具体来说，中国政府希望：第一，通过非博彩业的多元化发展，将澳门打造成世界级旅游休闲中心；第二，将澳门建设成中国和葡语国家的商贸合作服务平台。

虽然加大与葡语国家贸易带来的利益有限，但其真正的效应在于促进经济和旅游产品更加多元化。博彩企业历来是澳门经济多元化发展的主要推动力，如果政府以土地和资金等方式提供支持，也将会进一步推动澳门旅游产品的多元化发展。此外，澳门将明显受益于大湾区的深度融合。港珠澳大桥的建成以及各地至珠海高速公路和高铁的建设均将有助于加强湾区的互联互通。

2. 推动澳门在博彩业以外的多元化发展

根据2016年发布的《中华人民共和国国民经济和社会发展第十三个五年（2016—2020年）规划纲要》，中国政府支持澳门发展非博彩业。澳门特区政府计划：第一，发展文化旅游和海洋旅游；第二，推动会展业发展；第三，按照《澳门旅游业发展总体规划》，为游客提供更多零售和餐饮选择。（表7-4）

表7-4 粤港澳大湾区主要城市或地区旅游情况

城市或地区	旅游主题
澳门	娱乐、休闲和博彩
横琴	主题公园
香港	免税购物和餐饮
广州	文化旅游
江门	文化遗产相关旅游
中山	高端游艇游

另外，地少人多的澳门将受益于附近横琴岛的发展。到目前为止，横琴的有效开发比较有限。地处内地，横琴不大可能发展博彩业。但是，主题公园、购物商场、会议中心、酒店和其他旅游景点的开发前景有望拉动澳门的需求。（表7-5）

表7-5 粤港澳大湾区内的3个自贸区

自贸区	地理位置	重点行业	2016年地区生产总值／亿元
横琴	位于珠海，与澳门路氹城相邻	旅游休闲、商业、金融等	160
南沙	位于广州南沙区	物流、国际商贸等	1280
前海	位于香港国际机场和深圳宝安国际机场之间	金融、科技等	1410

3. 推动澳门、香港与世界的联通性

港珠澳大桥是推动访澳游客人数增长的主要原因，可以极大提高澳门国际机场与香港国际机场（容量约为澳门国际机场的10倍）的联通性。随着时间的推移，这将成为促进非广东省过境旅客（通常经由香港国际机场进入澳门）增长的主要动力。

港珠澳大桥的通车使香港国际机场至澳门的车程最多缩短60分钟。港珠澳大桥于2009年开工建设，大桥主体工程长约29.6千米（包括主体桥梁、人工岛和海底隧道），连接香港、珠海与澳门，三地都有出口。该桥为双向六车道，单向三车道。工程起始于香港国际机场附近的人工岛，经由长6.7千米的海底隧道到达主桥；在澳门/珠海侧，主桥止于澳门半岛东部的人工岛（口岸），可由此进入澳门或珠海。

港珠澳大桥将带动非广东省访澳游客增长。2017年，非广东省赴澳游客数量占内地赴澳游客总数的58%。港珠澳大桥通车后，经香港机场中转的游客可驱车30分钟直达澳门。据澳门统计暨普查局数据，2011至2017年湖南（位于广东北面）是中国各省市赴澳游客增长

最快的地区。2011至2017年非广东省访澳游客复合年增长率达11%。

除了上文提到的港珠澳大桥外，港澳与广东的联通性提升也将成为一项重要动力。以下摘自“南方网”网页新闻：

广珠城轨延长线：该高铁线路全长39.5千米，通过横琴（路氹城莲花口岸），连接珠海站（澳门半岛上的拱北口岸）与珠海机场。

根据《澳门旅游业发展总体规划》，拱北至横琴段2018年完工和通车。这为广东游客提供了一种新选择，使其能够绕过澳门半岛更高效地到达路氹城。这对澳门尤为有利，因为澳门半岛和路氹城之间尚未开通城铁。延长线开通后，珠海站至横琴站仅需10分钟时间，比珠海或澳门现有路线更加快捷。将提高珠海机场（仅国内航班）与横琴的交通便利性，从而促进延长线客流和澳门游客增长。另外，根据国务院港澳事务办公室（国务院行政机构）2017年1月发布的新闻稿，横琴至珠海机场段预计2022年完工。

预计2015—2020年铁路运营里程将增加48%：广东省铁路运营总里程预计将由2015年的4472千米增加至2020年的6600千米，尤其是高铁里程预计将由2015年的1360千米增加640千米至2020年的2000千米。预计2015—2020年高速公路里程将增加57%：2015年，广东省高速公路总长7018千米，较2010年增长45%。预计2015—2020年期间里程新增57%，2020年达到11000千米。

佛山新机场：虽然是一个长期目标，但佛山将斥资500亿元建设新机场。该机场规划3条跑道，旅客吞吐能力为3000万人次/年，预计2022年投入运营。

4. 大湾区内基础设施项目能够让科技企业直接受益

与国家牵头的其他项目一样，土地优惠政策通常能让互联网和科技公司直接受益。广东省已经拥有许多政府牵头的开发区，但鉴于发展大湾区已成为国家工作重点，更多的建设计划可能在近期或中期落地，有助于加强大湾区对高科技企业的吸引力，进而加速该地区向高附加值服务行业的转型。用廉价土地吸引科技公司落户并非新鲜事。广东拥有6个国家级高新区（广州、深圳、佛山、中山、珠海和惠州），3个省级高新区（东莞、肇庆、江门），2个国家软件产业基地（广州和珠海）。还有如高科技产品出口基地、自贸区、跨境电子商务枢纽区、国家大学科技园等诸多产业园。事实上，很多企业多年来一直在享受土地优惠政策，腾讯于2017年12月迁入深圳南山新总部，而微信大楼正落户广州琶洲。

基础设施改善惠及跨境电商。大湾区的基础设施项目很可能让跨境电商受益。广东是中国跨境电商行业的领头羊，而大湾区更好的基础设施将会进一步推动行业发展。据广州市政府数据，在全国开展跨境电商业务的60个城市中，至2017年底，广州连续4年的交易量保持领先。广州市海关数据显示，广州的跨境电商交易额（进出口）同比增长55%至230亿元人民币。南沙港和白云国际机场的保税区现已入驻近百家电商，包括阿里巴巴、京东和唯品会，以及30多家物流企业。2017年，南沙港保税仓库发运了约2440万件跨境电商包裹。

第八章 粤港澳大湾区经济发展措施

从产业发展的角度来看，纽约湾区的兴起依靠的是金融业的大繁荣，东京湾区是受到港口航运业与金融业的驱动，旧金山湾区则受益于高科技产业的兴起。虽然国外三大湾区兴起的主导产业各有侧重，但是三大湾区在基础建设、产业布局、资源分配和营商环境上的共同特征表明，其成功路径和实践经验是相通的。总结来看，国外湾区同时具备的实践经验主要包括了以下几个方面：一是打破各自为战的行政区划格局，实现市场和资源的深度融合；二是构建产业分工的雁阵布局体系，引导新旧动能的顺利转换；三是明确市场机制与行政机制边界，打破阻碍资源流动的藩篱；四是构建对外开放的贸易投资格局，创造优良的创业投资与贸易经营环境。

湾区发展与规划是一个复杂长期的过程，区域规划将在理性分析之基础上需要更多的系统前瞻性的思路以协调多层次的发展目标，才能实现可持续的发展过程。通过国内外湾区经济发展，可得出发展粤港澳大湾区需要建立如下几个方向:

一、建设国际科技创新合作圈

1. 构建开放型区域协同创新共同体

推进“广州—深圳—香港—澳门”科技创新走廊建设，共建粤港澳大湾区大数据中心和国际化创新平台；鼓励粤港澳企业和科研机构到海外设立研发机构和创新孵化基地；支持依托深圳国家基因库发起设立“一带一路”生命科技促进联盟；向港澳有序开放国家在广东建设布局的重大科研基础设施和大型科研仪器，拓展实施国家重大科技项目；加强产学研深度融合，实施粤港澳科技创新合作发展计划和粤港联合创新资助计划，支持设立粤港澳产学研创新联盟。

2. 打造高水平科技创新载体和平台

加快推进大湾区重大科技基础设施、交叉研究平台和前沿学科建设，建设培育一批产业技术创新平台、制造业创新中心和企业技术中心；推动珠三角9市军民融合创新发展，支持创建军民融合创新示范区；支持香港物流及供应链管理应用技术、纺织及成衣、资讯及通信技术、汽车零部件、纳米及先进材料等五大研发中心以及香港科学园、香港数码港建设；支持澳门中医药科技产业发展平台建设；推进香港、澳门国家重点实验室、伙伴实验室建设。

3. 优化区域创新环境

允许香港、澳门符合条件的高校、科研机构申请内地科技项目，并按规定在内地及港澳使用相关资金；支持粤港澳设立联合创新专项资金，允许相关资金在大湾区内跨境使用；支持粤港澳在创业孵化、科技金融、成果转化、国际技术转让、科技服务业等领域开展深度合作；大力拓展直接融资渠道，依托区域性股权交易市场，支持香港私募基金参与大湾区创新型科技企业融资，允许符合条件的创新型科技企业进入香港上市集资平台，将香港发展成为大湾区高新技术产业融资中心；发挥香港在知识产权保护及相关专业服务等方面具有的优势，支持香港成为区域知识产权贸易中心。

二、建设基础设施便捷高效联动圈

1. 构建大湾区快速交通网络

提升珠三角港口群国际竞争力，提升香港国际航运中心地位，支持香港发展船舶管理及租赁等高端航运服务业；增强广州、深圳国际航运综合服务功能，进一步提升港口、航道等基础设施服务能力；以沿海主要港口为重点，完善内河航道与疏港铁路、公路等集疏运网络；巩固提升香港国际航空枢纽地位，强化航空管理培训中心功能；推进广州、深圳临空经济区发展，加强港澳与内地的交通联系；构建安全便捷换乘换装体系，提升粤港澳口岸通关能力和通关便利化水平，促进人员、物资高效便捷流动。

2. 构建新一代信息基础设施

推进粤港澳网间互联宽带扩容，布局基于互联网协议第六版（IPv6）的下一代互联网，推进新型智慧城市试点示范和珠三角国家大数据综合试验区建设，加强粤港澳智慧城市合作，探索建立统一标准，开放数据端口，建设互通的公共应用平台；推进电子签名证书互认工作，推广电子签名互认证书在公共服务、金融、商贸等领域应用；增强通信企业服务能力，多措并举实现通信资费合理下降，推动降低粤港澳手机长途和漫游费，并积极开展取消粤港澳手机长途和漫游费的可行性研究，为智慧城市建设提供基础支撑；提升网络安全保障水平。

3. 保障能源与水资源安全

建设清洁、低碳、安全、高效的能源供给体系，发展绿色低碳能源，加快天然气和可再生能源利用，有序开发风能资源，因地制宜发展太阳能光伏发电、生物质能，安全高效发展核电，大力推进煤炭清洁高效利用，控制煤炭消费总量，不断提高清洁能源比重；推进广州、珠海等国家煤炭储备基地建设，建成煤炭接收与中转储备梯级系统；实施最严格水资源管理制度，加快制定珠江水量调度条例，严格珠江水资源统一调度管理，保障珠三角以及港澳供水安全。

三、建设具有国际竞争力的现代产业体系

1. 增强制造业核心竞争力

以珠海、佛山为龙头建设珠江西岸先进装备制造产业带，以深圳、东莞为核心在珠江东岸打造具有全球影响力和竞争力的电子信息等世界级先进制造业产业集群；发挥香港、澳门、广州、深圳创新研发能力强、运营总部密集以及珠海、佛山、惠州、东莞、中山、江门、肇庆等地产业链齐全的优势，加强大湾区产业对接，提高协作发展水平；支持东莞等市推动传统产业转型升级，支持佛山深入开展制造业转型升级综合改革试点；支持香港在优势领域探索“再工业化”。

2. 培育壮大战略性新兴产业

打造一批产业链条完善、辐射带动力强、具有国际竞争力的战略性新兴产业集群，增强经济发展新动能，推动新一代信息技术、生物技术、高端装备制造、新材料等发展壮大为新支柱产业，在新型显示、新一代通信技术、5G和移动互联网、蛋白类等生物医药、高端医学诊疗设备、基因检测、现代中药、智能机器人、3D打印、北

斗卫星应用等重点领域培育一批重大产业项目。围绕信息消费、新型健康技术、海洋工程装备、高技术服务业、高性能集成电路等重点领域及其关键环节，实施一批战略性新兴产业重大工程。

3. 加快发展现代服务业

聚焦服务业重点领域和发展短板，促进商务服务、流通服务等生产性服务业向专业化和价值链高端延伸发展，健康服务、家庭服务等生活性服务业向精细和高品质转变，构建错位发展、优势互补、协作配套的现代服务业体系；深化落实内地与香港、澳门关于建立更紧密经贸关系的安排（CEPA）对港澳服务业开放措施，鼓励粤港澳共建专业服务机构，促进会计审计、法律及争议解决服务、管理咨询、检验检测认证、知识产权、建筑及相关工程等专业服务发展。

4. 大力发展海洋经济

坚持陆海统筹、科学开发，加强粤港澳合作，拓展蓝色经济空间，共同建设现代海洋产业基地。强化海洋观测、监测、预报和防灾减灾能力，提升海洋资源开发利用水平。优化海洋开发空间布局，与海洋功能区划、土地利用总体规划相衔接，科学统筹海岸带（含海岛地区）、近海海域、深海海域利用，构建现代海洋产业体系，优化提升海洋渔业、海洋交通运输、海洋船舶等传统优势产业。

四、建设国际金融服务核心圈

1. 建设国际金融枢纽

以香港、广州、深圳、澳门4个城市为引导，支持湾区其他城市发挥各自优势，大力发展特色金融产业。

香港：巩固提升香港国际金融中心地位，打造“一带一路”倡议投融资平台；支持香港打造大湾区绿色金融中心，建设国际认可的绿色债券认证机构，支持香港开发更多离岸人民币、大宗商品与其他风险管理工具。

广州：完善现代金融服务体系，建设区域性私募股权交易市场，建立产权、大宗商品区域交易中心；建设绿色金融改革创新试验区，设立以碳排放为首个品种的创新型期货交易所。

深圳：发展以深圳证券交易所为核心的资本市场，加快推进金融开发创新；支持建设保险创新发展试验区，推进深港金融市场互联互通和深澳特色金融合作，开展科技金融试点，加强金融科技载体建设。

澳门：打造中国–葡语国家金融服务平台、绿色金融平台，建立出口信用保险制度，建立成为葡语国家人民币清算中心，发挥中葡基金总部落户澳门的优势，承接中葡金融合作服务，探索建立澳门–珠海跨境金融合作示范区；支持澳门发展租赁等特色金融业务，探索与邻近地区错位发展，研究在澳门建立以人民币计价结算的证券市场。

2. 完善金融监管协调沟通机制

建立完善系统性风险预警、防范与化解体系，共同维护金融系统安全，完善金融监管协调沟通机制，加强跨境金融机构监管与资金流动监测分析合作；完善粤港澳反洗钱、反恐怖融资、反逃税监管合作和信息交流机制。在依法合规前提下，打造湾区金融市场互联互通。湾区内银行机构可按照相关规定开展跨境人民币拆借、人民币即远期外汇交易业务与人民币相关衍生品业务、理财产品交叉代理销售业务，逐步扩大湾区内人民币跨境使用规模与范围。

五、打造基于互联网模式的服务型城市圈

1. 加快向全球价值链高端迈进

聚焦服务业重点领域和发展短板，促进商务服务、流通服务等生产性服务业向专业化和价值链高端延伸发展，健康服务、家庭服务等生活性服务业向精细和高品质转变；推进粤港澳物流合作发展，大力发展第三方物流和冷链物流，加快澳门建立葡语国家食品集散中心；推动粤港澳深化工业设计合作，促进工业设计成果产业化，深化粤港澳文化创意产业合作，有序推进市场开放，发挥香港影视人才优势，加强粤港澳电影投资合作与人才交流，支持香港成为电影电视博览枢纽，同时支持澳门培育一批具有国际影响力的会议展览品牌。

2. 打造蓝色经济空间

支持香港发挥海洋经济基础领域创新研究优势，在保障珠江河口水域泄洪纳潮安全前提下，支持澳门科学编制实施海域中长期发展规划，发展海上旅游、海洋科技、海洋生物等产业；支持深圳建设全球海洋中心城市；探索境内外发行企业海洋开发债券，鼓励产业股权投资基金投资海洋综合开发企业与项目，依托香港高增值海运和金融服务优势，发展海上保险、再保险与船舶金融等特色金融业。

六、打造美丽文明低碳生态圈

1. 加快推动制造业转型升级

重点培育发展新一代信息技术、生物技术、高端装备、新材料、节能环保、新能源汽车等战略新兴产业集群；推动大湾区低碳试点示范，实施近零碳排放区示范工程，加快低碳技术研发；推动开展绿色低碳发展评价，推动制造业智能化绿色化发展，推进能源生产和消费革命，实施节约循环利用，实现生产系统和生活系统循环链接；推动居民在衣食住行游等方面向绿色低碳、文明健康的方式转变；推广碳普惠制试点经验，推动粤港澳碳标签互认机制研究与应用示范。

2. 加强环境保护治理

规定并严守生态保护红线，强化自然生态空间用途关注。加强珠三角周边山地、丘陵与森林生态系统保护，建设北部连绵山体森林生态屏障；加强海岸线保护与管控，强化岸线资源保护和自然属性维护，建立健全海岸线动态监测机制；强化近岸海域生态系统保护与修复，开展水生生物增殖放流，推进重要海洋自然保护区与水产种质资源保护区建设与管理；加强粤港澳生态环境保护合作，共同改善生态环境系统；加强湿地保护修复，全面保护区域内国际和国家重要湿地，开展滨海湿地跨境联合保护。

七、打造宜居宜业宜游的生活圈

1. 打造教育和人才高地

充分发挥粤港澳高校联盟的作用，鼓励三地高校探索开展相互承认特定课程学分、实施更灵活的交换等方面的合作交流；鼓励港澳青年到内地求学；推进粤港澳职业教育在招生就业、培养培训、师生交流、技能竞赛等方面的合作就读，创新内地与港澳合作办学方式，支持各类职业教育实训基地交流合作，共建一批特色职业教育园区；支持澳门建设中葡双语人才培训基地，发挥澳门旅游教育培训和旅游发展经验优势，建设粤港澳大湾区旅游教育培训基地；支持大湾区建立国家级人力资源服务产业园；探索采用法定机构或聘任制等形式，大力引进高层次、国际化人才参与大湾区的建设和管理。

2. 共建人文湾区

发挥粤港澳地域相近、文脉相亲的优势，联合开展跨界重大文化遗产保护，合作举办各类文化遗产展览、展演活动，支持弘扬以粤剧、龙舟、武术、醒狮等为代表的岭南文化，彰显独特文化魅力；增强大湾区文化软实力，进一步提升居民文化素养与社会文明程度，共同塑造和丰富湾区人文精神内涵；推进大湾区新闻出版广播影视产业发展；加强国家音乐产业基地建设，推动音乐产业发展；支持澳门发挥东西方多元文化长期交融共存的特色，加快发展文化产业和文化旅游，建设中国与葡语国家文化交流中心；鼓励香港发挥中西方文化交流平台作用，弘扬中华优秀传统文化。

3. 构筑休闲湾区

依托大湾区特色优势及香港国际航运中心的地位，构建文化历史、休闲度假、养生保健、邮轮游艇等多元旅游产品体系，丰富粤港澳旅游精品路线，开发高铁“一程多站”旅游产品，建设粤港澳大湾区世界级旅游目的地。支持澳门建设世界旅游休闲中心，在澳门成立大湾区城市旅游合作联盟，推进粤港澳共享区域旅游资源，构建大湾区旅游品牌，研发具有创意的旅游产品，共同拓展旅游客源市场；探索在合适区域建设国际游艇旅游自由港；促进滨海旅游业高品质发展，探索以旅游等服务业为主体功能的无居民海岛整岛开发方式。

4. 拓展就业创业空间

完善区域公共就业服务体系，建设公共就业综合服务平台，完善有利于港澳居民特别是内地学校毕业的港澳学生在珠三角9市就业生活的政策措施，拓宽港澳居民就业创业空间。支持港澳青年和中小微企业在内地发展，积极推进深港青年创新创业基地；实施“粤港暑期实习计划”“粤澳暑期实习计划”和“澳门青年到深圳实习及就业项目”，鼓励港澳青年到广东省实习就业；支持香港通过“青年发展基金”等帮助香港青年在大湾区创业就业；支持澳门建设中国与葡语国家青年创新创业交流中心。

5. 塑造健康湾区

推动优质医疗卫生资源紧密合作，支持港澳医疗卫生服务提供主体在珠三角9市按规定以独资、合资或合作等方式设置医疗机构，发展区域医疗联合体和区域性医疗中心；支持中山推进生物医疗科技创新，支持澳门、香港分别发挥中药质量研究国家重点实验室伙伴实验室和香港特别行政区政府中药检测中心优势；加强粤港澳食品安全合作，提升区域食品安全保障水平，建立健全食品安全信息通报案件查处和食品安全事故应急联动机制，建立食品安全风险交流与信息发布制度；保障内地供港澳食品安全，支持港澳参与广东出口食品农产品质量安全示范区和“信誉农场”建设。

6. 促进社会保障和社会治理合作

探索推进在广东工作和生活的港澳居民在教育、医疗、养老、住房、交通等民生方面享有与内地居民同等的待遇；加强跨境公共服务和社会保障的衔接，探索澳门社会保险在大湾区内跨境使用，提高香港长者社会保障措施的可携性；研究建立粤港澳跨境社会救助信息系统，开展社会福利和慈善事业合作；鼓励港澳与内地社会福利界加强合作，加强粤港澳社工的专业培训交流；建立粤港澳大湾区应急协调平台，联合制定事故灾难、自然灾害、公共卫生事件、公共安全事件等重大突发事件应急预案，不定期开展应急演练，提高应急合作能力。

第九章
粤港澳大湾区经济发展展望

从纽约湾区、旧金山湾区、东京湾区为典型代表的世界级大湾区的建设经验来看，携手打造粤港澳大湾区，需要重点提升中心城市、金融中心、航运中心、创新中心、经贸中心、生态宜居城市的核心地位，形成对全球高端要素配置、产业升级、创新发展等强大牵引和带动作用，推动粤港澳大湾区与“一带一路”倡议在更高层次上的融合发展。

一、发挥湾区中心城市作用

世界湾区竞争的基本单位是城市群。城市群之间的分工、合作和竞争将决定其在未来国际经济、政治格局中的地位。因此打造粤港澳大湾区，除了粤港澳三方的协调配合之外，还需要中心城市广州、深圳发挥积极作用。广州、深圳地处海上丝绸之路战略要冲，是我国改革开放的窗口和排头兵、主要外贸大市和区域金融中心，是国家创新型城市和自主创新示范区，也是沿线重要的经济中心城市。两市应协调配合，实行差异化发展，形成城市特色和竞争优势，为大湾区建设注入新的动力和活力，为国家“一带一路”倡议提供更强大的支持。

二、打造湾区金融新高地

世界超级湾区必然是世界级的金融创新高地。打造粤港澳一流大湾区，需要大胆探索粤港澳金融创新，形成粤港澳金融创新发展优势。

推进跨境金融创新。推动人民币作为前海、南沙、横琴与港澳跨境大额投资和贸易计价、结算的主要货币。支持港澳金融机构在前海、南沙、横琴以人民币开展新设、增资或参股金融机构等直接投资活动，推动和便利港澳资金融机构使用人民币资本金开展日常经营活动。探索开展广东金融机构与港澳地区同业之间的贸易融资等信贷资产的跨境转让人民币结算业务，拓宽人民币跨境金融交易渠道。支持前海、南沙、横琴证券公司、基金管理公司、期货公司、保险公司等各类非银行金融机构依法与港澳地区开展跨境人民币业务。

设立海外投贷基金。推动粤港澳三地机构共同设立面向“一带一路”沿线国家和地区的人民币海外投贷基金，募集内地、港澳地区及海外机构和个人的人民币资金，为粤港澳企业“走出去”投资、并购提供人民币投融资服务。推动广东企业，特别是民营高新技术企业到香港上市、融资。推动政府部门简化企业在香港发债的审批流程和手续，争取提高企业的发债规模。推动粤港澳保险业务创新合作，为企业“走出去”参与“一带一路”融资“输血”，为粤港澳企业“走出去”提供全面保险保障服务。

三、强化湾区航运物流联动

打造粤港澳大湾区，需要以国际坐标定位粤港澳航运物流，强化战略规划引领，整合航运物流联动优势，构建拓展和通达“一带一路”沿线国家和地区的重要通道。

深化广东与港澳航运服务合作，需要将港澳的管理和技术优势、航运产业优势与广东的市场优势有机整合，重点在港口航运金融、航运交易、船舶租赁、海事法律服务等领域开展合作，为粤港澳航运服务业向国际市场延伸拓展空间。探索与港澳在货运代理和货物运输等方面的规范和标准对接，推动港澳国际航运高端产业向广东延伸和拓展。鼓励粤港澳航运服务企业双向投资，大力培育和发展航运服务产业，完善人才中介、资格认证、航运咨询等配套服务，加快建设航运服务集聚区。

四、建立全球竞争力的营商环境

发挥香港、澳门的开放平台与示范作用，支持珠三角9市加快建立与国际高标准投资和贸易规则相适应的制度规则，发挥市场在资源配置中的决定性作用，减少行政干预，加强市场综合监管，形成稳定、公平、透明、可预期的一流营商环境。加快转变政府职能，深化“放管服”改革，完善对外资实行准入前国民待遇加负面清单管理模式，深化商事制度改革，加强事中事后监管。加强粤港澳司法交流与协作，推动建立共商、共建、共享的多元化纠纷解决机制，为粤港澳大湾区建设提供优质、高效、便捷的司法服务和保障，着力打造法治化营商环境。

完善国际商事纠纷解决机制，建设国际仲裁中心，支持粤港澳仲裁及调解机构交流合作，为粤港澳经济贸易提供仲裁及调解服务。创新“互联网+政务服务”模式，加快清理整合分散、独立的政务信息系统，打破“信息孤岛”，提高行政服务效率。探索把具备条件的行业服务管理职能适当交由社会组织承担，建立健全行业协会法人治理结构。充分发挥行业协会商会在制定技术标准、规范行业秩序、开拓国际市场、应对贸易摩擦等方面的积极作用。加快珠三角9市社会信用体系建设，借鉴港澳信用建设经验成果，探索依法对区域内企业联动实施信用激励和失信惩戒措施。

五、打造湾区创新驱动新引擎

打造粤港澳大湾区，需要借鉴硅谷的成功经验，打造创新驱动新引擎，加快“粤港科技创新走廊”建设，带动粤港澳科技创新资源向产业链高端集聚。支持粤港澳企业联合“走出去”，参与“一带一路”建设。

加强科技创新合作。积极争取国家授权广东在与港澳科技合作发展方面先行先试。充分借鉴香港科技园公司在科技园区开发管理、企业引进、科技孵化服务等方面的先进经验，推动科技创新园区发展。支持在广东设立面向“一带一路”的国家级科技成果孵化基地，承接和孵化港澳科技项目，推动合作共建科技成果转化和国际技术转让平台，重点吸引信息技术、物联网、新材料等香港优势产业来广东开展联合研发攻关。

发展科技创新产业。推动粤港澳科技联合创新和港澳重大科技成果在广东实现产业化，打造泛珠三角产业转型升级新平台。深化三方的产业对接能力，促进更多成熟的技术项目在广东转化落地。发挥港澳资金及科技优势，依托珠三角制造业发展基础，推进与港澳在新能源汽车、高端装备、信息技术等先进制造业方面的投资合作，进一步拓展港澳的产业发展空间，推动“广东制造”迈向“广东创造”。

六、强化湾区市场一体化水平

落实内地与香港、澳门CEPA系列协议，推动对港澳在金融、教育、法律及争议解决、航运、物流、铁路运输、电信、中医药、建筑及相关工程等领域实施特别开放措施。研究进一步取消或放宽对港澳投资者的资质要求、持股比例、行业准入等限制。在广东为港澳投资者和相关从业人员提供一站式服务，更好地落实CEPA框架下对港澳开放措施。在CEPA框架下研究推出进一步开放措施，使港澳专业人士与企业在内地更多领域从业投资营商享受国民待遇。

加快国际贸易单一窗口建设，推进口岸监管部门间信息互换、监管互认、执法互助。研究优化相关管理措施，进一步便利港澳企业拓展内地市场。支持广州南沙建设全球进出口商品质量溯源中心。加快推进市场采购贸易方式试点。落实内地与香港、澳门CEPA服务贸易协议，进一步减少限制条件，不断提升内地与港澳服务贸易自由化水平。有序推进制定与国际接轨的服务业标准化体系，促进粤港澳在与服务贸易相关的人才培养、资格互认、标准制定等方面加强合作。

统筹研究外国人在粤港澳大湾区内的便利通行政策和优化管理措施。加强内地与港澳口岸部门协作，扩展和完善口岸功能，依法推动在粤港澳口岸实施更便利的通关模式。研究在条件允许的情况下主要陆路口岸增加旅客出入境自助查验通道，进一步便利港澳与内地居民往来。研究制定港澳与内地车辆通行政策和配套交通管理措施，促进交通物流发展。进一步完善澳门单牌机动车便利进出横琴的政策措施，研究扩大澳门单牌机动车在内地行驶范围；研究制定香港单牌机动车进入内地行驶的政策措施；完善粤港、粤澳两地牌机动车管理政策措施，允许两地牌机动车通过多个口岸出入境。

七、携手扩大对外开放

支持粤港澳加强合作，共同参与“一带一路”建设，深化与相关国家和地区基础设施互联互通、经贸合作及人文交流。签署实施支持香港、澳门全面参与和助力“一带一路”建设安排，建立长效协调机制，推动落实重点任务。强化香港全球离岸人民币业务枢纽地位。支持香港成为解决“一带一路”建设项目投资和商业争议的服务中心。支持香港、澳门举办与“一带一路”建设主题相关的各类论坛或博览会，打造港澳共同参与“一带一路”建设的重要平台。

依托港澳的海外商业网络和海外运营经验优势，推动大湾区企业联手“走出去”，在国际产能合作中发挥重要引领作用。积极引导华侨华人参与大湾区建设，更好发挥华侨华人、归侨侨眷以及港澳居民的纽带作用，增进与相关国家和地区的人文交流。加强与世界主要经济体联系，吸引发达国家先进制造业、现代服务业和战略性新兴产业投资，吸引跨国公司总部和国际组织总部落户大湾区。

加快引进国际先进技术、管理经验和高素质人才，支持跨国公司在大湾区内设立全球研发中心、实验室和开放式创新平台，提升大湾区对全球资源的配置能力；支持搭建“一带一路”共用项目库。加强内地与港澳驻海外机构的信息交流，联合开展投资贸易环境推介和项目服务，助力三地联合开展“引进来”和“走出去”工作。

发挥澳门与葡语国家的联系优势，依托中国与葡语国家商贸合作服务平台，办好中国—葡语国家经贸合作论坛（澳门），更好发挥中葡合作发展基金作用。为内地和香港企业与葡语国家之间的贸易投资、产业及区域合作、人文及科技交流等活动提供金融、法律、信息等专业服务，联手开拓葡语国家和其他地区市场。

八、共建湾区优质生活圈

世界一流湾区都以生态环境优美、宜居宜业为其重要特征。当前，粤港澳大湾区正处于转型升级、爬坡过坎的关键阶段，既要偿还过去多年经济高速发展的环境欠账，也要解决当前发展中出现的新问题。这就要求粤港澳大湾区按照中央要求推进“五位一体”建设，把生态文明建设放到建设优质生活圈工作中更加突出的位置，牢固树立生态自觉，在坚守生态底线的基础上，进一步提升生态质量。将粤港澳大湾区生态文明建设做实做优，共同建设跨界自然保护区和生态廊道，联手打造粤港区域生态屏障，使大湾区经济在结构质量效益上形成新的竞争力，推动绿色发展、循环发展、低碳发展，不断提高居民的生活质量和幸福指数，开创粤港澳大湾区经济社会全面协调可持续发展的新局面。

九、加强湾区体制机制创新

建设粤港澳大湾区，力争与世界一流湾区媲美，还需加大制度创新力度。广东前海、横琴和南沙三大自贸区要通过制度创新，推动粤港澳营商规则的对接，构建与国际高标准衔接的经贸规则体系，提升国际经济竞争新优势。

广东前海、横琴和南沙三大自贸区首先应在粤港澳体制合作、体制创新方面发挥引领带动作用，落实服务贸易自由化的准入前国民待遇和负面清单管理模式，推进与港澳商事调解机制的对接，鼓励广东企业利用香港作为解决“一带一路”投资争议的中立第三地。推动将前海的专业企业名册和专业人士登记备案制度扩展至南沙和横琴，并在南沙和横琴选择试点项目加入香港建设模式。通过设立营商服务专职机构，与企业、商会和行业协会建立沟通互动机制，探索不同法系下处理法律事务的一站式服务。

三大自贸区除了熟悉了解和利用港澳成功运行的营商规则之外，还要最终实现从学习借鉴港澳国际化营商规则向适应国际经贸规则的跨越式转变，从合理利用国际经贸规则向积极参与国际规则、标准的制定转变。建立符合国际规则的质量、安全、环境、技术、劳工等标准，形成对高标准国际规则和标准的适应能力，从而推动粤港澳深化与东盟国家合作，推进海上丝绸之路建设，进一步拓展国际市场。

十、构建粤港澳合作发展平台

建设跨境经贸合作网络服务平台，助力企业走出去开拓国际市场。建设新型国际贸易中心，发展离岸贸易，打造货权交割地；建设国际高端航运服务中心，发展航运金融等现代航运服务业。建设离岸创新创业平台，允许科技企业区内注册、国际经营；支持在有条件的海关特殊监管区域开展保税研发业务。建设国际文化创意基地，探索深港文化创意合作新模式。加快构建适应开放型经济发展

[J]. 经济地理，2010，（5）：711–715.

[30] 鲁志国，潘凤，闫振坤. 全球湾区经济比较与综合评价研究[J]. 科技进步与对策，2015，32（11）：112–115.

[31] 鲁炯歌. 湾区经济：揭示成熟城市形象的璀璨转型[J]. 上海城市管理，2014，（3）：80–85.

[32] 马大勇. 我国技术创新与经济增长关系的实证分析[J].兰州学刊，2013（11）：75–80.

[33] 马彦新. 人力资本、FDI技术溢出与区域自主创新——基于空间计量模型的实证研究[J]. 上海商学院学报，2012.

[34] 毛艳华. 珠三角增长模式：特征、影响与转型[J]. 广东社会科学，2009，（5）：10–17.

[35] 苗长虹，王海江. 中国城市群发展态势分析[J]. 城市发展研究，2005，12（4）：11–14.

[36] 柴攀峰，黄中伟. 基于协同发展的长三角城市群空间格局研究[J]. 经济地理，2014，34（6）：75–79.

[37] 平先秉. 基于生产要素视角的我国经济结构转型思考[J]. 物流工程与管理，2009，（5）：85–87.

[38] 孙斌栋，华杰媛，李琬等. 中国城市群空间结构的演化与影响因素——基于人口分布的形态单中心—多中心视角[J]. 地理科学进展，2017，36（10）：1294–1303.

[39] 沈坤荣. 1978—1997年中国经济增长因素的实证分析[J]. 经济科学. 1999，（4）.

[40] 申勇，马忠新. 构建湾区经济引领的对外开放新格局[J]. 上海行政学院学报，2017，（1）：83–91.

[41] 申勇. 海上丝绸之路背景下深圳湾区开放战略[J]. 特区实践与理论，2015，（1）：12–15.

[42] 滕春强. 演化视角下的金融企业集群发展动因研究[J]. 当代经济管理，2007，29（2）：97–101.

[43] 万勇. 创新能力的空间分布及其经济增长效应的实证研究[J]. 上海经济

研究，2011（4）：36—46.

［44］王宏彬．湾区经济与中国实践［J］．中国经济报告，2014，（11）：99-100.

［45］王建红．日本东京湾港口群的主要港口职能分工及启示［J］．中国港湾建设，2008，（1）：63-66.

［46］王婷，孙斌栋．技术创新在城市经济增长中的作用［J］.城市问题，2015，（2）：57-63.

［47］伍凤兰，陶一桃，申勇．湾区经济演进的动力机制研究——国际案例与启示［J］．经济问题探索，2015，（6）：31-35.

［48］吴思康．发展湾区经济服务国家战略［N］．深圳特区报，2014-04-23.

［49］吴思康．深圳发展湾区经济的几点思考［J］．人民论坛，2015，（6）：68-70.

［50］闫小培，林耿，普军，等．大珠江三角洲的产业升级与国际竞争力［J］．经济地理，2007.（6）：972-976.

［51］杨壮．金融集聚、技术创新与区域经济增长［D］．济南：山东大学，2018.

［52］姚诗煌，王勇，江世亮．旧金山湾区对上海的启示［J］．世界科学，1998，（8）：5-7.

［53］叶阿忠，杨新宝，吴相波．中国教育投入对经济增长的贡献分析［J］．学理论，2009，（19）：185-186.

［54］尹宗成，陈玉淮．我国省际研发投入溢出效应的实证分析［J］．华东经济管理，2013，27（11）：52-65.

［55］尹宗成，丁日佳，江激宇．FDI、人力资本、R&D与中国能源效率［J］．财贸经济，2008，（9）：95-98.

［56］游达明，车文镇．基于系统动力学的区域技术创新与经济增长——以湖南省为例［J］．科技管理研究，2016，36（19）：27-32.

［57］于晓曦，孙英隽．技术创新对区域经济增长的动力机制分析［J］．企业经济，2011（7）：9-11.

［58］云伟宏．主导生产要素更替与经济发展阶段演化——基于长期视角的经济

发展过程研究［J］. 经济经纬，2009，（1）：4-9.

［59］张林. 金融发展、科技创新与实体经济增长——基于空间计量的实证研究［J］. 金融经济学研究，2016（1）：14-25.

［60］张日新，谷卓桐. 粤港澳大湾区的来龙去脉与下一步［J］. 改革，2017，（5）：64-73.

［61］张玉喜，赵丽丽. 中国科技金融投入对科技创新的作用效果——基于静态和动态面板数据模型的实证研究［J］. 科学研究，2015，33（2）：177-184.

［62］张云飞. 城市群内产业集聚与经济增长关系的实证研究——基于面板数据的分析［J］. 经济地理，2014，34（1）：108-113.

［63］宗刚，高璃. 区域经济增长与技术创新内生性研究——基于2003—2014年中国省域面板数据分析［J］. 河北经贸大学学报，2017，（2）：101-105.

［64］黄玉蓉，曾超. 文化共同体视野下的粤港澳大湾区文化合作研究［J］. 广州大学学报（社会科学版），2018，（10）：60-66.

［65］卢纯昕. 粤港澳大湾区法治化营商环境建设中的知识产权协调机制［J］. 学术研究，2018（7）：66-70.

［66］SCHAFRAN A. Origins of an urban crisis：the restructuring of the San Francisco bay area and the geography of foreclosure［J］. International Journal of Urban and Regional Research，2013，37（2）：63-88.

［67］AL Saxenian. The Origins and Dynamics of Production Networks in Silicon Valley［J］. Research Policy，1991，20（5）：423-437.

［68］Berkeley. Bay area simulation transportation study［R］. University of California， Institute of Transportation and Traffic Engineering，International working paper，. 1962.

［69］Bay Area Economic Forum. The Bay Area-A Knowledge Economy Needs Power［R］. San Francisco：Bay Area Economic Forum，2001：4.

［70］Bay Area Alliance for Sustainable Communities. “Compact for a Sustainable Bay Area：Economy，Environment，Equity”［R/OL］. http://bayareaalliance.org/compact.pdf（accessed July 19，2006）.

［71］Bravo-Ortega C，Alvaro Garcia Marin. R&D and Productivity：A Two Way

Avenue? [J] . World Development, 2011, 39 (7) : 1090–1107.

[72] C. Forman, A. Goldfarb, S. Greenstein. Agglomeration of Invention in the Bay Area: Not Just ICT [J] . American Economic Review, 2016, 106 (5) : 146–151.

[73] CHOWDHURY R H, MIN M. Financial market development and the effectiveness of R&D investment: evidence from developed and emerging countries [J] . Research in international business & finance, 2012, 26 (2) : 258–272.

[74] ELHORST J P. Spatial panel data models [M] . Spatial Econometrics. Springer Berlin Heidelberg, 2010: 37–93.

[75] G. R. Walter. Bay area simulation study: Economic and population models [J] . The Annals of Regional Science, December1968, Volume2, Issue1, pp59–71.

[76] GUAN J C, YAM R C M. Effects of government financial incentives on firms' innovation performance in China: evidences from Beijing in the 1990s [J] . Research policy, 2015, 44 (1) : 273–282.

[77] HSU P H, TIAN X, XU Y. Financial development and innovation: cross–country evidence [J] . Journal of financial economics, 2014, 112 (1) : 116–135.

[78] Jelmer, W. Eerkens. Airline–airport agreements in the San Francisco Bay area: effects on airline behavior and congestion at airports [J] . Economics of Transportation, 2014, 3 (1) 58–79.

[79] John Friedmann. Regional development policy: a case study of Venezuela [M] . Cambridge, Mass. : MIT Press, 1966.

[80] JPM Chase. Strengthening the Bay Area: building a middle–skill workforce to sustain Economic growth and expand opportunity [R/OL] . http://www.jpmorganchase.com/skillsatwork, May 2015.

[81] M Miyajima, KS Kwak. An Economic Analysis on the Relations between the Development of the Tokyo Bay Ports and their Hinterlands [C] . Research for Tomorrows Transport Requirements Fourth world conference on transport research, 1986.

[82] Martin B R. The evolution of science policy and innovation studies [J] . Research Policy, 2014, 41 (7) : 1219–1239.

[83] Marshall A. Principles of economics: an introductory volume. Macmillan,

1920.

[84] NP Makarem. Perceptions, relations and regional economic development: A case study of the Bay Area and Southern California [D] . Dissertations & Theses - Gradworks, 2013.

[85] NP Makarem. Social networks and regional economic development: the Los Angeles and Bay Area metropolitan regions, 1980–2010 [J] . Environment and Planning C: Government and Policy, 2016, 34 (1) : 91–112.

[86] Porter M E. The Competitive Advantage of Nations. New York, The Free Press [J] . Competitive Intelligence Review, 1990. 1 (1) : 427.

[87] Robert G, McGillivray. Binary Choice of Urban Transport Mode in the San Francisco Bay Region [J] . Econometrica, Vol. 40, No.5 (Sep., 1972) , pp827–848.

[88] Tee LT, Low S W, Kew S R. Financial development and innovation activity: evidence from selected east Asian countries [J] . Prague economic papers, 2014, 23 (2) : 162–180.

[89] Volberding. Peter. Engaging regions in globalization: the rise of the economic relationship between the San Francisco Bay area and China [N] . Berkeley Undergraduate Journal, 2011, 23 (2) .

[90] Walker. R. Industry builds the city: the suburbanization of manufacturing in the San Francisco Bay Area, 1850—1940 [J] . Journal of Historical Geography, 2001, 27 (1) : 36 - 57.